金門的民間慶典

讓傳統文化立足世界舞台

——《協和台灣叢刊》發行人序

林經甫 敬仲

這是一種相當難得且奇特的經驗，四十歲之前，許多人常會問我的，總是一些生理與醫療方面的問題；四十歲之後，我最常思考的卻是文化方面的問題。

如此南轅北轍的改變，最主要的原因，應該是來自我的經驗法則：跟每一位成長在戰後的一代相仿，自童年長至青年，無論是家庭、學校或者是整個社會給我的壓力，只是讀書、考試，考試、讀書；而我一直也沒讓人失望，唸完醫學院後，順利負笈英國，接著又在日本拿到博士學位，先後在美國及台灣擔任過許多人欽羨的婦產科醫生，也正因此，讓我有太多機會在世界各地認識不同的友人。然而，這樣的機會卻總讓我感到自卑，這自卑並非來自專業知識，而是每每交換及不同的文化經驗時，少數識得台灣的友人，也僅知道這個海島擁有七百億的外匯存底而已。

這個殘酷的事實，逼著我不得不慎重的思考：什麼樣文化，才足以代表台灣？

●

一九八三年間，我結束了在美的醫療工作，

回台全力投注於協和婦女醫院的經管，由於業務的需要，常有機會到日本去，有一次在橫濱的一家古董店裡，發現了十幾尊傳統布袋戲偶，讓我突然勾起兒時在台南勝利戲院，坐在長排椅的椅背上看內台布袋戲的情景；不久後，在大阪天理大學附設的博物館，看到那尊清乾隆年間的戲神田都元帥以及古色古香的「六角棚」戲台，還有那些皮影、傀儡、木彫、銀器、刺繡與住民族的工藝品，讓我產生極大的感動，忍不住當場流下眼淚。

我的感動來自於那些代表先民智慧與工藝水平的器物之美；忍不住掉下的眼淚，則是因爲這些製作精巧，具有歷史意義又代表傳統文化精華的東西，在這外邦受到最愼重的收藏與保護，但在當時的台灣，除了某些唯利是圖的古董商外，根本乏人理會！

除了感動，同時也讓我感受到日本文化侵略的危機，這種危機感也許可溯自大學三年級的暑假，我參加基督教醫療協會，到信義、仁愛、望洋等山地部落，從事公共衛生的醫療服務時，便深刻體會到日治時期對台灣山地的積極教育，讓日本文化，語言以及民族性都紮下不錯的根基，其深厚的程度甚至令人驚駭，只是當時的情況，個人並無力改變什麼。及至一九八〇年前後，我結束學業，回到台灣後，第一件事便是找到彰化教育學院的郭惠二教授，試圖回到山地，經管一個模範村的計劃，結果模範村計劃因故流產，而那次再回山地，讓我不敢置信的是，由於電視進入山區，使得原住民族的文化幾近完全流失，少數保存下來的，卻是日治時期的文化遺產。

這是多麼可怕的文化侵略啊！難道連日本人走了，都還能予取予求地用區區的金錢，換取我們最珍貴的傳統文化？

如此揉合著感動、迷惑又驚駭的心情，讓我在東京坐立難安，隔天，便毫不考慮地到橫濱那家古董店買回店中所有的布袋戲偶，同時又透過種種關係，買回「哈哈笑」戲團最早那個被台灣古董商騙賣到日本的戲棚。

那絕不只是一時的衝動而已，我很清楚地告訴自己，只要在我的能力範圍之內，將盡可能地尋回這些流落在外的文化財產；這些年來，雖沒有明確的收藏計劃，但只要是有價值的東西，我都不肯放棄，至今，也才稍可談得上規模。

嚴格說來，我是個典型受西式教育的人，加上長年在國外的關係，讓我對藝術或者文化，都懷有較深且闊的世界觀。

最早我在英國唸書時，便跑遍了歐洲重要的美術館，後來每次出國，只要有機會，決不會錯過任何一個可觀賞的現代藝術館。

除了參觀與欣賞，我也嘗試著收藏一些美術的東西，收藏的目的，除因個人的喜好，當然也因爲美好的藝術品也是不分國界的！

也許有人會認爲，在這傳統與現代之間，必然有無法調和的衝突之處，我又如何面對呢？其實，我從不認爲這兩者之間會有相互矛盾或衝突之處，任何一種藝術品都有其共通之美，而其中蘊含的不同文化特色，正足代表那個民族的特殊之處，傳統的彩繪與現代美術作品，正是兩類截然不同的作品，正因其不同，我們才能在彩繪中，體認先民的精神與生活狀態，它的價值，除了美之外，更在於它所蘊含的特殊文化表徵。

當然，時代的快速進步之下，傳統的美術、工藝與文化，面臨了難以持續的大難題，導致這個問題的因素頗多，例如政府政策的不當教育的偏頗以及社會的畸型發展，讓戰後的台灣人擁有最好的知識教育，卻完全缺乏生活教育，終造成今天這個以金錢論成敗，從不考慮精神生活的社會型態。

過去，也有許多的專家學者，對這個病態的社會提出不少頗有見地的意見，但我一直認爲，任何一個正常的社會，必要擁有正常的文化。台灣光復以來，政府當局全力追求經濟建設的成長，卻不顧文化水平一直在原地踏步，直到近幾年，有關單位似乎也較積極地從事文化建設；只是，當中共的廣東省政府，花了兩億美元整修一座五落大厝，成爲一座古色古香的廣東地方博物館時，台灣的左營舊城門才剛剛被毀，半毀的麻豆林家也被拆遷，這樣的文化建設又怎能談得上什麼成績呢？

在這種種難題與僵局之下，要重振傳統文化，重新獲得現代人的肯定，甚至立足在世界的舞台上，就不能光靠政府的政策與態度，而是我們每個人都有責任付出關心與努力，用現代化的方法與現代人的觀點，提昇傳統文化的品質，再締造本土文化的光輝。

●

從開始收藏第一尊布袋戲偶起，彷彿便註定我將走上這條寂寞卻不會後悔的文化之路。

過去那麼多年前，只是默默地收藏一些珍貴的文化財產，我當然知道，光如此是不夠的，但直到今天，時機稍稍成熟，才敢進行下一步的計劃。

這個計劃，大概可分爲三個部份，一是成立出版社，二爲創立臺原藝術文化基金會，三則創設傳統戲曲文物館。

臺原出版社成立的目的有二；一是專業台灣風土叢刊的出版，這是一套持續性的計劃，計劃每年分三季出書，每季同時出版五種台灣風土文化的叢書，類別包括：民俗、戲曲、音樂、歷史、工藝、文物、雜俎、原住民族等大類，每本書都將採最精美的設計與印刷，用最通俗的筆法，喚醒正在迷茫與游離中的朋友，讓更多的朋友重新認識本土文化的可貴與迷人之處。我深信，只要持之以恆，所有努力的成績不僅將獲得關愛本土人士的肯定，更將贏得國際間的重視；二爲出版基金會的專刊，臺原藝術文化基金會成立之後，將有計劃地整理台灣的傳統藝術之美，諸如戲曲之美、偶戲造型以至於建築、彩繪之美……等等。

至於基金會與博物館的創立，則是我最大的目標，這兩個計劃其實是一體的，博物館只是基金會的附屬單位，主要的功用在於展示基金會所收藏的文物與美術品；至於基金會本身，除了推廣與發展本土文化，定期舉辦各種研習營與表演、演講，更將策劃舉辦各種世界性的文物交流展，目的除了讓國人有機會打開更廣闊的視野外，更重要的是讓本土文化立足在世界的舞台上。

讓本土文化立足在世界的舞台上，不僅是臺原藝術文化基金會與出版社努力的目標，更是每個關愛本土文化人士最大的期望，不是嗎？畢竟唯有如此，才能重拾我們失落已久的自尊！

（本文獲選入《一九八九年海峽散文選》）

傳承金門文化的賢伉儷

——序《金門的民間慶典》

楊清國

楊天厚、林麗寬賢伉儷出版《金門的民間慶典》，囑余爲序。聞之既高興又惶恐，高興他們的努力耕耘，終於呈現成果；惶恐余何德何能，敢爲其寫序。

然而楊老師、林老師和我同事多年，情誼深厚，在校時曾請求他們編輯校刊與指導學生寫作，對學校貢獻良多，都是難得榮獲表揚的優良模範教師，尤其我們曾共同應聘爲《金門日報》的主筆群，更是和衷共濟，爲金門文化建設携手奮鬥，而不留餘力。今天欣聞他們將聯合出版著作，不表白一二句感言，也說不過去。

《金門的民間慶典》一書，曾經榮獲教育部人文社會學科研究著作獎，其教育價值，深受有識之士的肯定。而其創作艱辛過程，更令所熟稔的人敬佩與感動。他們在繁忙的教職之餘，爲了把握民間慶典的時節，夫唱婦隨，不論是深夜或清晨，不論是炎熱的午後，或是風雨交加的日子，只要他們知道民間將於那個良辰吉時舉行慶典，他們總是相互鼓勵、互相依持，不辭辛勞的守候著，希望能夠採訪到那個眞實的過程，希望能夠捕捉那個難得瞬間的珍貴鏡頭。《金門的民間慶典》就是他們這樣不分晝夜、不眠不休分赴各鄉鎭村里廟寺以及各家戶所採訪拍照實況報導的一本圖文並茂的書籍，也是金門值得流傳後世的一份珍貴的文化遺產。

從歷史的角度來看，金門比台灣早開發好幾百年，在魏晉南北朝就有中原民衆避禍到金門，唐朝時朝廷派牧馬侯陳淵率六姓家族在金門開始有計劃的開墾；南宋朱熹任福建同安主簿期間，曾在金門設立書院講學，流傳《朱子家禮》一書，因此金門深受朱子教化影響，以禮導民，而有「海濱鄒魯」之稱；明末鄭成功以金門爲反淸復明的根據地，會同全國英豪傑士於島上，所謂「八方風雨會仙洲」，從事千秋萬世的大業。歷代諸先聖先賢在金門努力經營，所遺留在金門的文化遺產相當豐富。這些豐富的文化遺產，如果不是像楊天厚、林麗寬這樣關心家鄉的文化人士，默默地在從事整理傳承的工作，一點一滴的記載保存下來，那麼再豐富的文化遺產，也經不起無情歲月風吹雨打的摧毀而散失，豈非金門的一大損失？

走筆到此，除了要向楊天厚、林麗寬賢伉儷出版《金門的民間慶典》，致表賀意，也期望他們以及全金門鄉親，爲金門文化之傳承延續、發揚光大，而繼續努力下去。

今天台灣的社會深受歐美文化的氾濫，自己傳統文化反而受冷落，社會功利主義盛行，大家重視工商業的經濟建設，反而忽略了建國的根本文化建設。金門已全面開放觀光，正是社會型態轉變的關鍵時刻，我們切勿步台灣的後塵，而喪失金門特有的寶貴精神文化。我認爲正當提倡發揚民間的慶典活動，正可矯正社會功利、暴力、色情等弊病。希望金門民衆，大家共同保存與發揚自己的傳統文化，積極維護固有的文化遺產，爲傳承金門文化的精髓而努力奮鬥。

一九九二年十二月廿六日

戰火歇息下的民俗天地

——《金門的民間慶典》自序

楊天厚

「生在這裡，長在這裡！愛也在這裡！」是我內心深處對故鄉—金門的狂熱吶喊。

四十年來，親眼目睹清純如鄉村少女的金門，正受著都市繁華喧囂的流行氣焰感染，而漸次失掉原有的面貌，原有的矜持，展露出另種不爲我所熟稔的現代身影。就時代風潮言之，故鄉是改進了，與台灣同步流行了；但就固有傳統民俗風情言之，故鄉卻是徹底改頭換面了。在「傳統就是落伍」的自卑心態作祟下，大多數人只知一意效行別人的行徑，完全否決了自家本有値得存續的一切，點點滴滴顯現的，竟是這般受時代狂恣蠶食的蛻變……偶一觸思，內心總生無限的隱痛。

不容否認，金門現時的物質生活確實提昇不少，但就精神層面觀看，卻大有不如昔日之嘆。童年時期與鄰友共嬉同戲於庭院的歡樂景象，午夜憶及，仍常爲之悸動、雀躍；只是在超高物質享受爲前提誘導的今日，那甜蜜、溫馨的歡樂精神已然不再，可以預見金門的特殊風貌也勢將因此而無緣再見，其得失之間，又豈是進步二字所能衡量？

早些年前，任職學校，終日忙碌於學生課業

間，雖有心替故鄉執著些固有傳統，卻不克化成行動。婚後，時而陪同遠嫁來金的內子，及其台灣的親友四處瀏覽、參訪各名勝據點，無形中加深「記載」金門風貌的心志。

近年來，緣於孩兒漸長，與內子又是有道一同，於是同車共行踏遍金門各鄉各鎮，搜尋探訪那較無人注視的民間禮儀，來逐一加以紀實，雖尚在摸索中，寫作經驗也不長久，卻爲眞眞切切化坐言爲起行的具體行動。期間，蒙請陳爲仕和李金鐘兩位老先生，不時給予精神上及民情禮儀上實際的匡助，感念之心將隨本書的順利出版而與日俱增，不敢或忘。

金門鎮鎖海疆數十年，在「戰地」盔帽覆蓋後，在軍民胼手胝足全心全意建設下，已揮就人定勝天的碩果，確有其獨樹一幟的風貌。又因多起國家戰役以之爲戰場，更締造出舉世無雙的歷史地略，走訪其中，悠遊其中，印證歷史，意義非凡，體驗也非凡。

何其有幸，「戰地政務」終焉廢止，金門得無保留地呈現在國人面前，任之品評，任之鑑賞。褪下神秘面紗的金門，自有一番清新脫俗的雅麗，自有一股引人入勝的丰采，願藉此書先爲看倌做一民間慶賀禮儀的導讀，配合著古蹟勝景的圖文概說介紹，深信參訪金門之時，您一定能較他人領略更多，收穫更多！

金門的民間慶典

林麗寬、楊天厚／合著

1／地理史觀

壹　地略介紹

長久以來，
金門多因險要而開發，
卻也因險要而屢遭兵燹。
翻閱金門歷史，
各時代連綿不斷的烽火無時或已，
「戰地」的稱呼恰如其份。

一、海疆要地

金門位居東經一一八度二十四分，北緯二十四度二十七分的海面，北襟漳浦，南控三閩，與廈門、同安兩地遙遙相對。

明代洪武二十年（一三八七年）間，江夏侯周德興在此築城設寨，用來抵禦倭寇，並取其內捍漳廈、外控台澎的「固若金湯，雄鎭海門」氣勢，因而名爲「金門」，此爲命名來源之一。又因島形如金錠狀，且緊扼閩南門戶，明朝人特稱爲「金門」，此爲命名來源之二。姑不論二說爲何，若如一般人想像以純度黃金塑造一扇大門，則是謬誤之大也。

金門東距台灣一百五十海浬，西距廈門二十二海浬，四面嶼礁羅列，形勢險要，素爲戰略要衝，亦是兵家必爭的重鎭。尤自一九四九年後，國民政府軍被迫轉進台澎金馬，金門因控制海峽交通咽喉，進可揮兵中國，守可屏障台澎，獨具地理要略。其位居東北角的「馬山」，距離對岸的「角嶼」僅有兩千三百公尺之遙，泅泳即可到達，兩地播音傳話之時，清晰可聞；

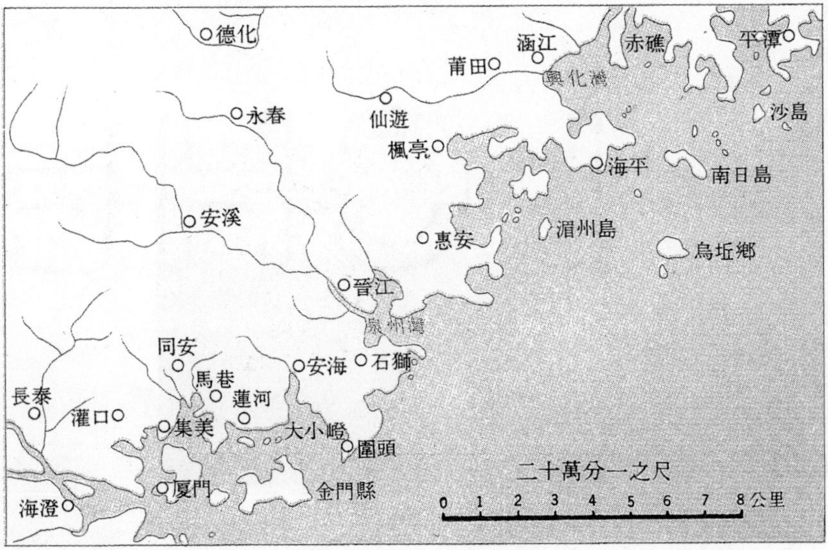

●金門形勢險要，素爲戰略要衝。

藉由高倍望遠鏡，對方景物更是一覽無遺。

二、自然環境

金門本島形似銀錠而瘦長，東西端距離約二十公里，南北向距離十五點五公里，最狹長部分寬僅三公里。自一九一五年元月一日獨立為縣後，隸屬福建省。現設金城鎮、金沙鎮、金湖鎮、金寧鄉、烈嶼鄉（俗稱小金門），暨代管莆田縣烏坵鄉等六個行政區域，共有三十七個行政村，一百五十七個自然村，總面積約一五〇點四五六平方公里，所轄含大擔、二擔等共十餘座島嶼。

金門氣候屬副熱帶大陸性及海洋性轉換型，三、四月間多霧，往往干擾空運的正常運作。雨量稀少亦不均勻，全年降雨量多在四月至八月。火成岩夾雜沙石的丘陵地形，既使土壤澆薄，又無高山屏障，七、八兩月常多颱風；十月至十二月則東北季風強勁，風沙為患甚烈。因此房屋大多密集於背風有水的兵陵凹地，同時，同姓泰半集中一個村莊，形成「血緣村落」。

金門的地層以花崗片麻岩為主，土壤則以砂

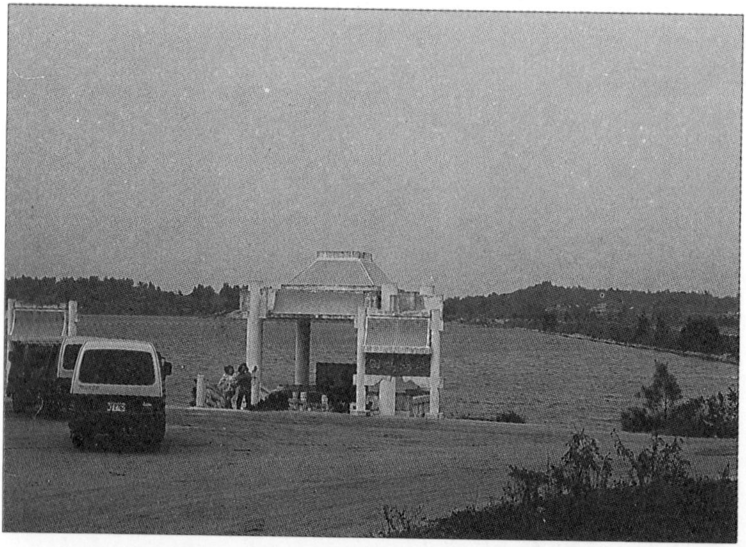

●築海為田的「田墩養殖場」。

●莒光樓爲金門歷史文物館。

●金門諸戰役陣亡將士，埋骨於太武山公墓。

土和表層的紅壤土居多。砂土沙層厚，保水、保肥力差；紅壤土酸性重，腐植質少，均不宜農作，僅能種植價值性較低的高粱、蕃薯、玉米、花生、小麥等耐旱性雜糧，民生多疾苦。因此遠走南洋或移民台灣、澎湖的人佔絕大部分，現居民僅四萬餘，但旅居東南亞的金門人則有二十餘萬之衆；遷居台澎者亦與東南亞數目相當，而且在各市鎭多設有金門會館，可資爲証。凡此據見金門與台灣的血緣關係，無怪乎金門自古即稱爲台灣住民之鄉。

因受地形影響，金門並無足稱山岳的崇山峻嶺，主峰「太武山」高二五三公尺，實僅堪稱丘陵而已；因近觀如兜鍪狀，故稱「太武」。河川水源亦極度缺乏，近數十年來，幸賴島上軍民同心齊力，大興水利，開湖築壩，使得兼具蓄水、灌溉、遊憩等多量湖庫在金門蔚成奇觀，間接厚植觀光資源。

一如以自產高粱用古法釀酒而致中外馳名，初時亦不過受限於自然環境被迫另謀的他種生計罷了，不意人定勝天，反倒創造出另一番奇蹟。金門酒廠於一九五三年籌設，當時稱爲九龍江酒廠，隸屬福建省政府管轄；一九五六年改名金門酒廠，隸屬金門縣政委會；一九九二年十一月七日解嚴後，改隸菸酒公賣局。金門酒廠旁有口寶月古泉，泉水甘香芬甜，爲聞名遐邇、享譽中外的金門高粱釀酒泉源。

三、砲戰洗禮

一九一一年，金門仍隸屬廈門設立的同安縣管轄，直至一九一五年，才由鄉僑黃安基、陳芳歲等一百二十三人陳請，始獨立設縣，並於一九三五年開始試行地方自治。一九三七年大戰伊始，金門即於是年十月陷落日本掌握，島民雖奮力抵抗，卻仍無法改變既成事實，徒留許多可歌可泣的英勇事蹟供後人憑弔，殆至一九四五年戰爭結束，金門才重得自由。

一九四九年局勢逆轉，中共視金門如鯁在喉，竟於十月二十四日發動「古寧頭戰役」，企圖一舉攻佔金門，結果落敗。

一九五〇年七月廿六日，中共再度挑起「大二擔戰役」，一九五四年九月三日又揭開「九三之役」，正式開啓國共隔海砲戰的序幕。同時，

●金門戰爭遺跡處處可見。

●「毋忘在莒」已成金門地標。

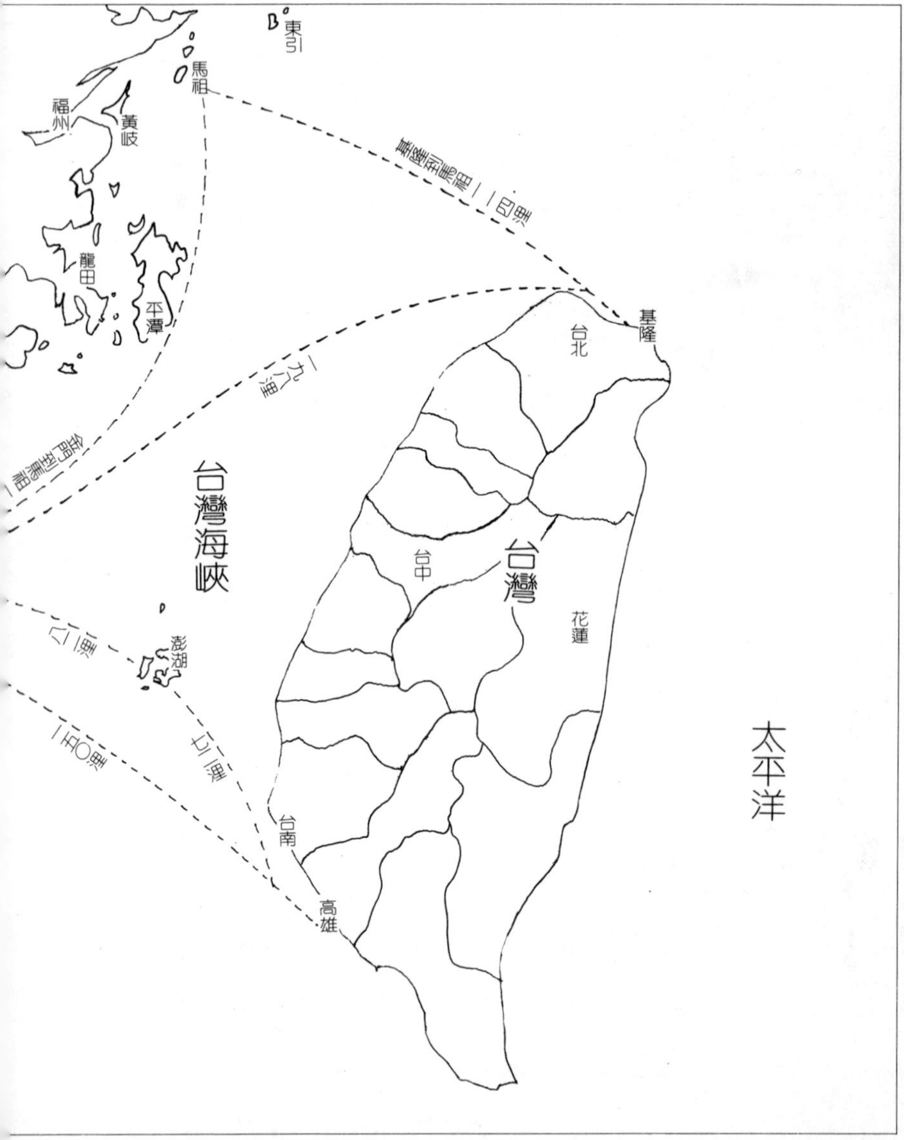
東引
馬祖
福州
黃岐
龍田
平潭
基隆到馬祖一一四浬
一九八浬
金門到馬祖
台灣海峽
八一浬
澎湖
七一浬
一五〇浬
基隆
台北
台中
台灣
花蓮
台南
高雄
太平洋

●金門與台灣海峽形勢圖。

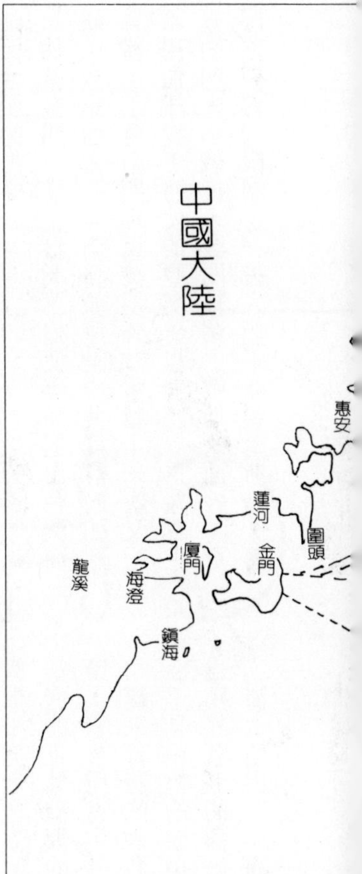

金門守軍一改往昔地面作戰形式，將磐結的花崗岩層透過人工的開鑿，轉化爲固若金湯的地下堡壘，使得「金門」一詞時現廣播、報章雜誌而蜚聲國際。

一九五八年八月廿三日，中共秉持覬覦金門艦泊要津地位的心理，重對金門群島全面攻擊，陰謀以其優勢武力進犯金門，震驚寰宇的「八二三砲戰」於焉展開。戰期歷經四十四天之久，中共計發射四十七萬四千九百一十發砲彈，平均每平方公尺即有四發落彈。初時，中共尚大作「無須五天，至多十天，即可攻下金門」的美夢，但在金門島民堅苦迎擊、英勇反擊之下，不得不自行叫囂「停火一週」，續又「停火兩週」，再後則改提「單打雙不打」遁詞。之後，雖又於一九六〇年製造「六一七」、「六一九」砲戰，唯中共越雷池的野心已在「八二三」台海戰役中徹底擊垮，「單打」之行更在一九七八年中美建交時自行停止，從此台澎金馬僥倖免再遭戰禍之苦。

四、神祕戰地

長久以來，金門多因險要而開發，卻也因險要而屢遭兵燹。翻閱金門歷史，各時代連綿不斷的烽火無時或已，「戰地」的稱呼恰如其份。尤自一九四九年太平洋戰後，國民政府播遷台灣，鑑於金門沿海地位的鎖鑰關係，毅然肩負確保台澎的先鋒。

佔領金門、進犯台灣、迫使美國退出台灣海峽，放棄西太平洋防務，原是中共擬訂的如意算盤，不意金門軍民莫不齊力奮戰，一次又一次用血汗寫下勝仗的豐業。也就緣於這些舉世盡知的大小戰役，金門被蒙上戰地的面紗，更因爲前線的限制，一般人們不能親踏斯島，而加增金門的神祕色彩。

五、海上仙山

金門地質因係花崗岩層，草木生長不易，加上風沙漫天，水源不足，林木本已不多。明末鄭成功屯居金門之時，爲造船征戰，舊有大樹已然砍伐殆盡；待至清兵據守金門，一片焚掠之餘，僅有的樹木悉數銷毀，童山濯濯竟成昔時金門林區的面貌。

一九四九年國民政府軍進駐金門之後，與住民同聲一氣，共費傻勁，排除萬難，一樹一坑地大量植樹造林外，還胼手胝足一同付出辛勤汗血慘澹經營，一切但使金門更有建設、更爲開發作依歸。果在全體軍民化黃沙、去貧瘠的努化和美化之下，戰地金門已不再如傳播媒介塑造的止於硝煙的印象，金門全島遍佈名勝古蹟，適合所有中外人士品讀玩味。更藉著不絕如縷來參訪的慕名人士傳誦，尤使金門這塊原名不見經傳的海中孤島，一如灰姑娘般躍身而爲國際著名的觀光焦點，並博得「海上公園」、「海上仙山」、「海上長城」的盛譽。

貳　民情風俗

金門因受朱子家禮教化，
民情濃郁，民風淳樸。
衆多傳統習俗仍保有原來面目，
是「禮失求諸野」的最佳尋跡處，
是現代人領略傳統風貌的
世外桃花源！

一、歷史源流

金門舊名浯洲，又稱仙洲，也稱浯江、浯島、浯海、滄浯等。西元二六五年，晉代五胡亂華時期，蘇、陳、吳、蔡、呂、顏等六姓，不甘臣服於異族的統治，播遷於此，爲金門最早的居民，金門的歷史，亦始自於此。

唐德宗貞元十三年（七九八年），閩觀察使柳冕奏議置牧馬區來滋養馬匹，是年（金門舊志載爲貞元十九年）即在泉州正式設置五個牧馬區，浯洲即爲其中之一。又派牧馬監陳淵屯居金門開發，跟隨從員及蔡、許、翁、李、張、黃、王、呂、劉、洪、林、蕭等十二姓的中原人士亦協力墾牧闢地，終能化荒墟爲樂土，使金門得享「海上仙山」美譽。

南宋高宗紹興二十三年（一一五三年），宋代大儒朱熹任同安主簿時，曾渡海來金講學，以禮教民，並於燕南山（今古坵後之太文山）立書院；又以《朱子家禮》教導島民婚嫁喪葬儀典，使金門再得「海濱鄒魯」雅稱。南宋度宗咸淳年間開始丈量金門田畝，征定稅負，經營料羅防地，金門的海防要位因此愈發凸顯。

明、清兩代，金門續因險要地略而遭受寇賊多次擄掠。明熹宗天啓二年（一六二二年），鄭成功之父鄭芝龍亦曾在此駐守，降清後，才改由鄭成功與明末監國魯王率部衆繼續練兵，作爲「驅荷復台，反清復明」的根據地。魯王寓居金門八年，且薨於金門，其塚墓今仍在金門。鄭成功在金駐軍則長達十八年之久，遺迹甚多，現仍昭然可見。

●牧馬侯祠奉祀「開浯恩主」陳淵。

●浯江書院內的朱子祠，建於清乾隆四十五年。

明亡清嗣，金門在清廷統治下持續發展，唯因特殊地理位置，外患仍頻頻興起。限於地小土瘠、資源匱乏、謀生不易；復加風沙飄搖、人禍不斷，金門島民為求營生，被迫在明朝嘉靖、隆慶之後，或往台灣、或往南洋外遷，然後，由愛國鄉僑匯款濟助金門發展。因此，金門、台灣血緣如言一脈相承，實不為過。

二、先哲教化

原為一蕞爾荒島的金門，之所以有今日遠近盡知的名號，古聖先哲篳路藍縷擘建之功不可沒，茲舉眾所周知犖犖大者以為明証：

唐朝陳淵

唐朝陳淵（正史並無立傳）奉派以牧馬監屯駐金門。傳聞陳淵不但善於養馬，且長於駕御，常教導民眾滋養馬匹，增加生計。又擅長以草藥療病，民眾和畜馬被醫治者無法勝數。此外，陳淵一再率同部屬協謀併力，為開發金門而盡心盡力，歿後據聞還顯靈護民，金門人感念陳淵恩澤，特奉稱「開沐恩主」，並建廟七處隨時禱祝，今遺留庵前村的孚濟廟（亦稱牧馬侯祠）香火最盛。

宋朝朱熹

宋朝理學大師朱熹，字元晦，一字仲晦，原籍安徽婺源人，任泉州同安主簿時，每旬必要下鄉視學一番，總計五年任內抵達金門一定不在少數。除在金門首創書院外，又以《朱子家禮》一書揭櫫古代喪葬嫁娶之儀，八百年來仍爲金門民間遵行不渝。金門士人評論文章氣節，自朱熹以來，也無不以朱子爲宗，乃見朱熹過化金門影響的深遠廣大。

爲感念朱子教化，清高宗乾隆四十五年（一七八〇年），金門開始籌建浯江書院，之後再加立朱子祠，並主祀朱子塑像。一九一九年五四運動中塑像遭毀，一九六八年社教館重修朱子祠，藉以弘揚先哲教化之功。

宋朝丘葵

泉南理學名賢丘葵字吉甫，號釣磯，金門小嶝人，爲朱熹四傳弟子，畢生精研朱學，氣節凜然，尤其以仕宦異族爲奇恥大辱。除開教導子姪輩諳知民族深義和亡國悲憤外，更以身作示範，多次回絕元代派令爲官之說，全心全意著書以激勵風節，素爲閩南人士欽仰崇佩。金門所受先賢過化中，影響至深且大者，自朱子之後當推丘葵。

●俗稱「十八槤厝」的金門山后民俗文化村。

明朝俞大猷

俞大猷字志輔，號虛江，原籍直隸鳳陽府霍丘縣人，明世宗嘉靖十四年（一五三四年），俞氏以易經推衍兵法而中武科會試，派爲初創設的金門守禦千戶所長，捍衛金門。俞大猷雖貴爲明代名將，卻頗具文才，胸懷磊落，平素除喜和仕紳講學吟詩之外，還常以禮讓教化軍民，並好提攜後進，最受東南諸人士崇敬。金門人對他勤政愛民的治績深表讚佩，特於今舊金城建造俞大猷生祠一座，以資感念。

明朝鄭成功

鄭成功退守金門後，不斷聚集海陸軍操練，還親迎監國魯王入居金門，企求從事反清復明、驅荷開台大業。至終雖未獲成功，但他在海外孤島默默移植漢族文化的貢獻不可謂不大。其駐守金門十八年期間，教導軍民掘井造船、置砲設防，以及搗草汁治熱病……等，居功尤多。後人乃於死後興建延平郡王祠祀拜，內奉鄭氏坐姿雕像，今仍固存。

三、民風淳厚

金門因有先民的開拓與先賢的教化，人才輩

●延平郡王祠，供奉國姓爺遺骨。

出，文武俱全。如明代陳顯、林釬二人雖是文人從政，卻一拒明成祖，一抗魏忠賢，堅貞志節，青史永垂。又如黃偉的高風亮節，許狂的千古佳文，也足爲不喜功名、歸居山林的隱者典範。再如清代許盛的征討外族，邱良功的弘揚威名，亦堪稱武將馳騁戎場的最佳模式。

即如現代，因源於朱子設教敷化的境教浸染，金門子弟不但慕禮尙義，而且力求上進，蔚爲風氣。一九六四年九年國教首先在金城國中試辦後，學府紛紛林立，文盲因之掃除泰半。現今中等教育普及，擁有大專學歷者多如過江之鯽，擁有碩博士學位的更不在少數。

普通一介凡夫或村姑村婦，也無不因長時期受到忠烈正氣的薰陶，而辨明是非，而從善祛惡。人際往來絕對以和睦相向，守望相助自不待言。尤其餽贈自產農漁品在平日即常見常聞，稍遇年節喜慶，既是邀宴，又是送物，濃情厚誼實令人動容，更令人不忍拂卻。如此出自赤忱眞摯的隆情深誼，若非民情純樸，如何自然顯現？若非先哲教化，如何歷久長存而獨成特色？

●重修後的朱子講堂尙見古雅風貌。

參 勝蹟概說

金門是一處未經雕琢的觀光處女地，
它的自然明媚風光，
它的戰爭遺迹和它的古蹟名勝，
不但最值得觀賞，
還能令人發思古之幽情。
尤其古蹟文物豐富異常，
單是國家級古蹟即有十五處之多。

一、古蹟巡禮

欽旌節孝坊

欽旌節孝坊即旌表邱良功母許氏節孝事蹟而建造的牌坊，位在金城鎮東門里莒光路觀音亭旁。許氏爲清朝振威將軍邱志仁之妻，年未滿三十即守寡，含辛茹苦撫養出生僅三十五天的遺孤良功長大成人。仁宗嘉慶十四年（一八〇九年），良功平定蔡牽之亂後，誥封許氏爲一品夫人，祀節孝祠，嘉慶十七年壬申（一八一二年）建坊。由上等泉州花崗石和墨綠青斗石混建而成，雕工精細，爲等長四根方柱撐起的三間五樓三層形成，造型雄偉壯觀。柱子前後豎立四對石獅，頂層護檐下安放石刻「聖旨」匾，匾下橫鐫「欽旌節孝」四字，爲台閩地區僅存牌坊中難見的傑作，現列爲一級古蹟。

瓊林蔡氏三進宗祠

金門各村落居民，率皆聚族而居，因此極爲注重「奉先思孝」觀念。凡是同姓、同一支派所傳而聚居同村者，皆建立宗祠來奉祀先人。若同姓卻不同支派而聚居同村者，除開合建始祖廟（俗稱大宗祠）外，另以分世或分房各建宗祠（俗稱小宗祠）。如瓊林村（明熹宗御賜的里名）中，即有七座蔡氏宗祠，爲金門最多宗祠的村莊。

●「欽旌節孝」坊，雕工精細，外貌堂皇。

宗祠在金門民間常稱爲祖厝，視爲一族強盛與否之所繫，所以對地理風水好壞的挑選，趨吉避凶的方位抉擇，以及格局大小適宜的決定，均要審慎講究。一般以兩進廟堂式規格最多，次爲一進式，三進者最少。現有祠堂規模中，以瓊林蔡氏十一世的三進宗祠長度最深，結構宏偉，雕刻精美，猶存道光年間風貌而彌足珍貴（建於清道光二十二年，一八四二年），今列爲二級古蹟。

●瓊林蔡氏三進宗祠現仍存有清道光年間的建築風貌。

前水頭黃氏酉堂別業

富商黃俊於清朝嘉靖年間建造，房舍華麗，前院開鑿大小二湖，由曲橋分隔，景麗屋美，時人稱爲「金門日月潭」，曾移作教課子弟的書房學舍，現列爲二級古蹟。

陳楨墓

爲明代封刑部員外郎陳楨之墓，屬「仙人覆掌」的風水形勢。以巨型花崗岩組成，墓前有巨筆石柱、石馬、石羊、供桌、碑亭、石牆等，規模宏偉，爲明代官墓典型，位在金沙鎭浦邊村黃龍山上，現列爲二級古蹟。

陳健墓

陳健即陳楨之子，爲明嘉靖丙戌年進士。爲官清廉正直，又體恤民情，頗得厚望，其後世子孫多人出仕任官，墓園位在金沙鎭東珩村近郊，附近居民均直呼爲「進士墓」，現列爲三級古蹟。

文台古塔（文台寶塔）

爲明代江夏侯周德興於洪武二十年（一三八七年）做導航標誌而興建。明都督僉大猷戍守金門時，曾在嘉靖年間題「虛江嘯臥」於塔旁石上表示己志。明百戶陳輝則鐫刻「湖海清平」及「文台寶塔」於塔基上。塔以巨石壘成，聳立岩上，造型樸拙獨特，爲台澎金馬地區最早的建築物，位在金城鎭古城村舊金城南磐山，現列爲二級古蹟。

●文台古塔乃明江夏侯周德星爲做導航標誌而興建。（蔡培慧／攝影）

漢影雲根碣

明末監國魯王寓居金門時，曾手書「漢影雲根」四字刻石，字大有勁，直徑丈許。後因地層鬆動，該石崩墜於原址不遠處，字形倒立，一九一〇年代還被無知鄉民剷去根字。一九七〇年十月，金門縣政府社教館僱工依原樣拓印，並使其聳峙原址，位今金城鎭古崗村近郊，現列爲二級古蹟。

振威第

爲清代名將李光顯的故居，屋後牆角有兩座鎭煞石敢當，較大的一座還雕有圖騰面首及「泰山石敢當」字樣，當時稱做「提督衙」。現僅存三進房屋一棟，位在金寧鄉古寧頭北山東界，現列爲三級古蹟。

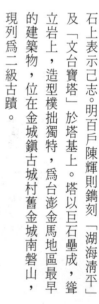

●清光緒由林斐章捐建的奎閣，內供魁星爺。

西山前李宅

是一座精緻的官宅，習稱大六路，由前後兩座建築並列而成。前座爲李册騫於清光緒十年甲申（一八八四年）創建的五開間三進式燕尾翹脊建築，當地人也稱「十六間厝」。後座爲李仕撻於光緒六年庚辰（一八八〇年）建造，規模上雖少一進，但在木作上卻更堂皇富麗。位於金沙鎮三山村內，現列爲三級古蹟。

奎閣（魁星樓）

清光緒十六年（一八九〇年）由監生林斐章捐建，爲六角形雙層樓建築，外形上、比例上、雕飾上均謹嚴美好，內供魁星爺（魁與奎同音）。金門於清朝未設儒學，文人多至奎閣拜魁星，以求科舉及第或振興文風。一九五五年及一九六三年分予重修過，位在金城鎮東門塗山頭，現列爲三級古蹟。

豐蓮山牧馬侯祠

唐朝陳淵屯駐金門，善於豢馬與熟諳草藥，常教導民衆滋養馬匹，並替人民和畜馬療疾，且率部屬開發金門不遺餘力，島民感念其恩澤，特奉爲恩主公。原立恩主公廟計有七處之多，今以庵前村豐蓮山的孚濟廟（也稱牧馬侯祠）香火最盛，現列爲三級古蹟。

陳楨恩榮坊

是一座四柱三間式明制古牌坊，由花崗石建造而成。陳楨逝後，爲崇揚其子陳健的功勛，同時也追思當年陳楨、陳健父慈子孝的盛況，陳楨因此得榮恩誥贈獲建此牌坊，位在金沙鎮陽宅村會山寺右側，現列爲三級古蹟，古色古香，相當難得。

瓊林一門三節坊

興建於淸道光年間，爲蔡仲環妻陳氏、媳陳氏及孫媳黃氏而立，位在金湖鎮瓊林村內，現列爲三級古蹟。

●瓊林一門三節坊。

●海印寺「海山第一」石門關。

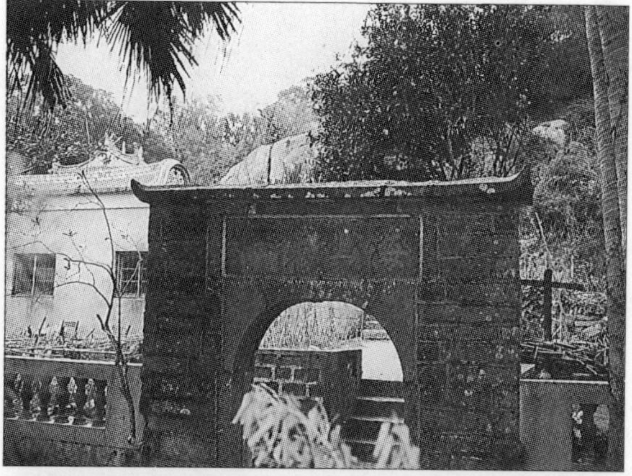

●建威將軍邱良功的墓園。

邱良功墓園

為清代提督男爵邱良功之墓，占地寬廣，氣象宏偉，除石翁仲（墓前豎立的石雕人像）、石馬、石羊、石虎之外，還立有清仁宗御製的神道碑，是金門現存最完整的古墓，位於金湖鎮小徑村旁，今列為三級古蹟。

海印寺石門關

金門主峰太武山上，因花崗岩石層層堆疊，宛如印章篆刻，因稱山上建造的廟為「海印寺」。宋咸淳年間，曾在海印寺旁側建立一座圓拱石門，形狀宛若出入的關口，所以特將此石門稱作「石門關」。明代永曆十五年（一六六一年）盧若騰並以額石鐫刻「海山第一」四個字，此關現列為三級古蹟。

二、勝景之旅

金城鎮

莒光樓：位於南門外金門公園旁，為水泥鋼骨的仿古宮殿門樓式建築，高三層，一九五二年起建，名建築師沈學海設計。金門歷次戰役英勇官兵的照片及事蹟，均表彰於此，現為金門歷史文物館。

古崗樓、古崗湖：古崗樓位於古崗村古崗湖畔，於一九六四年建成，樓高三層，雕樑畫棟，美輪美奐，又依山傍水、景色幽美，有小艇可供人泛舟遊湖，現為民眾休閒遊樂風景區。

稚暉亭：位於前水頭村近郊，為紀念吳稚暉先生靈骨海葬紀念地，於一九五四年五月建亭。一九六七年易名為「吳公亭」。

金門精神堡壘：位於東門圓環附近，是一幅以花崗石為牆基的巨幅浮雕，壁景全採用古寧頭大捷光榮戰史圖案，一九六七年六月建造，能充分顯示金門最高榮譽的戰鬥精神。

藥井：位於藥井村（即今吳厝附近，賢庵國小斜對面）。傳說為牧馬侯陳淵求助神力，揮劍所指而挖鑿的藥井，汲飲後能醫治百病。後因時代變遷，藥井村民已全數搬空，郵差先生甚至將該村視作「不投郵地」。

延平郡王祠：位於夏墅村近郊，一九六九年籌建，供奉國姓爺鄭成功的遺骨，仰瞻遺風，當可令吾輩志士藉以茲勉。

碑林：金門因常年遭受烽火之災，歷代記事、宣揚、頌功的碑石頗受毀損，因於一九八六年集中金城中正圖書館後方建置碑林，總計自明清以來的石碑十九塊，重勒石碑八塊。

浯江書院（朱子祠）：位於今珠浦北路，籌設於清高宗乾隆四十五年（一七八〇年），之後再立朱子祠，祀朱子像，配祀先賢許升、王力行、呂大奎、丘葵、林希元、許獬等。一九一九年五四運動時，祠中塑像全毀，一九六八年金門社教館重新翻修，重修後的朱子祠及講堂尚能

●藥井傳爲牧馬侯陳淵揮劍所鑿。

●金門老街，古韻猶存。

充滿堂皇古雅風貌。

金門老街：位於舊金城北門，明代嘉靖年間，俞大猷任千戶所長曾駐兵於此，爲金門最古老街道，今仍存在。

香蓮廟：在水試所旁側，爲金門唯一祀奉註生娘娘的廟，「大德曰生，願衆生生生不已；至誠無息，求嗣息息相通」是其大門對聯，充分表現出信徒的期望。

金湖鎮

太湖、榕園、八二三戰史館：位於新市里近郊，均隸屬中正紀念林（也稱中正公園）的景觀。太湖爲金門現有湖泊之最大者，亦爲金湖地區供應自來水源，湖中有二處人工島，亭台翠木，映襯粼粼波光，景致怡人。榕園遍植榕樹，以衆多百齡榕樹王而稱名，園內的「慰廬」爲明代國學大師洪受西洪村的故居。八二三戰史館則陳列馳名海內外的八二三戰役史蹟，饒富深意。

魯王墓：明末監國魯王朱以海的眞塚，於一九五九年爲軍隊發現於古崗村旁，後遷葬在小徑村旁。

太武山公墓：位在太武山腳下，也稱「太武公園」。古寧頭大戰、大二擔、六一七、六一九及八二三等砲戰中戰亡的將士英靈均長眠斯地，一九五二年冬，由當時任金門司令官的胡璉將軍起建，歷時六月完工。

太武山、海印寺：太武山爲金門第一高峰，航海人員別稱「仙山」。因遍佈花崗岩層，像兜鍪形狀，故稱「太武山」。又因山上石層糾結像篆刻的印章，又叫「海印」。建立在兩座山峯中央的廟因稱「海印寺」。寺中奉祀如來佛和觀音大士的坐像，爲八百餘年歷史的名山古剎，香客不絕於途。

毋忘在莒勒石：位於太武山中央最高處，上書紅色「毋忘在莒」四字，取義田單以莒和即墨二城復國的故事，字大有力，數里外清晰可見。

鄭成功觀兵奕棋處：在太武山上高峯石洞內，有石桌椅，傳言成功曾在此奕棋，旁側石壁上刻有「明延平郡王鄭成功觀兵奕棋處」數字，並有石碑記載經過緣由。

●慈德宮的精美交趾燒壁飾。

砲戰紀念碑：一九五八年八二三戰役揮灑下勝利輝煌的史頁後，分在鵲山、南雄和烈嶼的湖下塑造砲戰紀念碑。鵲山的〈八二三戰役勝利紀念碑〉規模最巍峨精緻，上刻砲戰過程碑文，爲圓形、長方形、菱形的綜合體。南雄和湖下的均爲巨型砲彈形式，上書「八二三砲戰勝利紀念」。

金沙鎮

金門民俗文化村：位於山后村，爲旅日僑商王國珍、王敬祥父子精心規劃，斥資闢建，供族人居住的處所，共經歷二十餘載，才於清光緒二十六年（一九〇〇年）竣工。內含閩南式二進住宅十六棟，家廟和鄉塾各一棟，爲金門地方文化暨傳統建築的代表。

田墩海堤：位於西園村近郊，純爲與海爭田的圍築養殖區，淤泥沃饒，蒼巒環抱，是人定勝天的最佳寫照，總面積達一百公頃之多。

慈德宮壁飾：位於后水頭村東南，爲一精美的交趾燒壁飾。慈德宮原爲明代黃偉故宅，鄉族感念他勤政愛民，勞瘁而卒的德惠，特稱爲

「黃太守」，並祀拜他的神位於慈德宮。

張太監墓：位於青嶼村，爲明代太監張敏之墓。張敏因保育孝宗有功，倍受朝廷禮遇。青嶼自張敏顯達後，文風丕振，族人中登第者無數。

張氏祠堂：位於青嶼村西北隅，明孝宗爲感佩張敏撫育而下旨興建，屋頂採宮殿式瓦筒建築，爲金門所罕見。大門兩旁有石鼓雕刻張爪的蟠龍，祠中奉祀張敏木刻的神像。此祠堂於「八二三砲戰」時曾被砲彈擊中。

金寧鄉

古寧頭戰場：一九四九年十月二十五日古寧頭戰役之時，我國痛剿進犯共軍於此，並大獲全勝，現有陣地供人參觀，位在今沙崗及西一點紅之間。

中山紀念林：位於金城鎮和金湖鎮間的中央公路旁（現改稱伯玉路），遍植針葉樹，佔地一百公頃，內設露營、烤肉、溜冰、體能鍛鍊、野外劇場、野生動物園、射箭場、荷花池、兒童樂園、植物園、鳥園、越野車場……等區，是金門目前佔地最廣、設施最多樣的風景勝地，也是軍民最佳休閒遊樂所在。

李光前將軍廟：位於西埔頭村，爲感佩李光前將軍於一九四九年古寧頭戰役中，護國衛民，慷慨犧牲的英勇事蹟而籌建，立廟處即其三十二歲英年中彈殉職之地，民衆均視爲守護神，也視爲「萬府興公」。

古寧頭戰史館：位於古寧頭戰場址，內部陳設一九四九年古寧頭戰役經過的寫眞和戰利品，憑弔之餘，頗能予人慨興效法之志。

烈嶼鄉

八達樓子：位在東林村旁，爲表彰一九三四年留守抗日殉難七烈士而建造，由駐軍部隊建成於一九六六年二月，樓上塑立七位烈士持槍英姿，栩栩如生，有旋轉梯可登樓頂俯瞰。

國姓井：位在下田村，傳說爲鄭成功部屬開鑿之井，井水芳馥清甘，能供應當地軍民飲水之用，井邊有木質井形木架，四丈多深，現爲蔡姓人家所擁有。

烈女廟（仙姑廟）：位在青岐村附近，爲祀拜廈門漂流來金的王玉蘭屍而建廟，相傳有求必應，金門人亦稱「仙姑廟」，許願求福之人絡繹不絕。

三、特殊景觀統覽

軍事要地

馬山：位於金沙鎮官澳村旁，爲金門距大陸最近之處，僅二千三百公尺，泅游即可到達。昔時曾設喊話站（也稱播音站），今已廢除，但仍可透過高倍望遠鏡觀看到對岸的清晰景物。

湖井頭：位於烈嶼鄉東坑村內，本爲播音站，有高倍望遠鏡供參觀人員眺望大陸，現爲烈嶼地區戰史館，陳列烈嶼鄉歷次戰役史蹟、圖片。

擎天廳：在太武山腹腰處，一九六二年，鑿石闢屋，鬼斧神工，聞名國際，長度五十公尺，寬度十八公尺，高度十一公尺，一九六三年七月完工，可容納千餘人，內部設有舞台，亦可放映電影，爲世界首屈一指的地下電影院，現爲駐軍官兵娛樂場所，「擎天廳」三字爲蔣介石先生親題。

太武山中央坑道：位於大武山中，是一處挖鑿花崗岩壁而成的軍事要塞，其蜿蜒曲折，四通八達的巧奪天工壯舉，中外馳名。內部可供坦克車和卡車行駛，爲金門的地下堡壘寫下最好的注解。

大、二膽島：位於烈嶼鄉西南方五千多公尺處，與福建廈門的子尾、深澳三面相望，全島無百姓居住，僅有軍隊駐守。由於一九五〇年七月廿六日「大二擔戰役」而聲名大噪，並以「大擔擔二擔，島孤人不孤」名言傳誦於世，後易名爲大膽、二膽，現爲管制區，普通民衆難以到臨。

獅嶼：是一座介於大膽和烈嶼間的小島嶼，風光旖旎，景致天成，自成氣象，爲往大膽島必經之地。

迎賓館：開鑿花崗岩層而得的福地洞天，座落金湖鎮山外村旁，於一九七八年建造，兩年才完工。建築所在是南雄山麓岩石中，深入地層兩千多坪，專供招待貴賓之用。

花崗石醫院：位在太武山麓，爲鑲嵌在地層

●安岐村的風雞咬令箭，具有鎮風、防煞效果。

兩千七百多坪的現代化醫院，內部分建有病房區、行政區、醫療作業區、動力區等，有全套空調設備，一九七八年建造，歷時兩年完工。

鎮邪制物

水尾塔：位於金寧鄉古寧頭北山村，清高宗乾隆三十二年爲壓制來自海上的各類陰風惡邪而建造，爲一四邊形的方塔，與一般閩南式六角形或八角形古塔不同。一九九一年甫經評定爲國家三級古蹟，深具歷史價值與地位。

風獅爺：一般人信仰獸王——獅子的威武勇猛，因而選用爲鎮風避邪的村落守護神，大抵立在村落路口，由磚泥與石灰粧塑，也有由青石或花崗石雕成，形狀、面貌、姿態常不一致，各村各塑而各具不同特色。

風雞咬令箭：亦爲鎮風而作，也立於村落路口，普通以石塊打造，下部成長方體形，上部略呈方錐形，石塊四面刻上文字；也有上方再置放一個石塑八卦，今僅金寧鄉安岐村路旁獨留一座。

●后水頭的風獅爺。

石敢當：多立於屋後，為避邪驅魔之用。當屋宇正對巷口造成塞巷或沖巷時，傳言易犯路神風煞，導致宅舍不吉祥，因而須在當巷的牆壁間立石，上刻石敢當，或泰山石敢當，以保平安。

風制石：相傳為制壓風煞之物，俗稱皇帝石(風制閩南語與皇帝諧音)，多立於四面當風處，為方塊立體石頭，石方一尺二寸，出地高不滿二尺，四面皆鑿有佛門四大天王半身神像。

四、觀光聖島

久聞而無法緣見的金門終於在萬方矚目中開放觀光了，一九九二年十一月七日是旋乾轉坤的捩點。之前，在前線面紗籠罩下，一般人僅能在傳播媒介偶然見及；之後，透過實際親聞，人們始可觸摸遭受砲彈洗禮的斷垣殘壁，親撫「地下堡壘」的特殊防禦工事，亦可在古色古香的古蹟前憑弔先賢先民的拓土教化，在產地飽啖酒國翹楚的金門高粱，不醉不歸！

由於金門僻居海隅，四十多年來獨特政局又

衍生成另種生活風貌，因此，賞玩島上明媚風光之餘，瀏覽戰爭遺迹及瞻仰古蹟名勝，該是民衆觀光旅遊的重點。如以欣賞時髦服裝秀場般眩惑於玩樂性質觀看，或以尋求現代文明刺激爲觀光目的，則注定要大失所望。因爲金門猶如未遭大都會流行風潮洗滌的純樸村姑，清新，自然，具超脫凡塵異稟，應是它最迷人，最引人遐思，也最有看頭之處，新近且剛由內政部擬訂闢建爲「國家戰役紀念公園」哩。

●金門的純樸，具超凡脫俗之美。

2／醮儀奠安

金門兀立海隅，自成天地。宋以前草萊初闢，民習勤勞，宋以後蒙受朱子教化，漸崇禮義。延至明朝，終能使文風鼎盛，涵詠詩書；以至清朝更是武功彪炳，競尚剛勇。如此刻苦耐勞、修文守約、重道德、尊信義，古今作風如一，因見金門的風俗習慣，實出良好傳統。

昔日的金門，地隘而瘠薄，加以風沙飄壓之患，島上居民雖兼耕漁，然而終歲勤勞，猶苦不飽。在樂歲終身苦，兇年不免於死亡之三餐難溫飽景況下，人們自顧尚且不暇，更遑論籌辦這耗資費時的「奠安」大典，因而有人終其一生亦無緣碰上一次。

但自六〇年代之後，在軍民同心協力之餘，民困漸甦，一切建設亦突飛猛進。隨著經濟的繁榮，民生的富裕，四處皆洋溢著一片歌舞昇平，國泰民安的富象。在豐衣、足食情況下，乃慨興改善生活品質之想，因而土木大興，新廈林立，樓宇毗連，蔚爲壯觀，即如廟宇、宗祠的建置與重修，更似雨後春筍般，形成特色。爲求避邪禳災、祈福解厄，居民每於天寒歲暮之際，舉辦「安龍謝土」的奠安大典，因時值季秋以至仲冬，正是收割後農閑之期，無論在時間上、經濟上與情感上，均較有閒暇顧及。

一般奠安大典所需經費龐大異常，今以「三朝」的「慶成醮」爲例，即須耗資二百萬台幣之譜。其主要來源約可分爲下列數端：一是海外華僑捐資；一爲「進主」（神主牌位）募集款項；另一端則是挨家挨戶，以男丁女口集資同襄盛舉。雖言耗費不貲，大家仍能節衣縮食，一本初衷，盡求辦好，以使無憾。

●有巢氏爲奠安重要神祇。

奠安種類若依其性質之不同，可概分爲宗祠奠安、寺廟奠安及一般住家奠安（含簡單的寄后土）。三者之中乃以宗祠奠安最具可看性，舉凡點主、祭祖（大三獻）、迎接宗親、迎接姻親……等愼終追遠、光宗裕族的科儀，絕非後二者可望其項背。

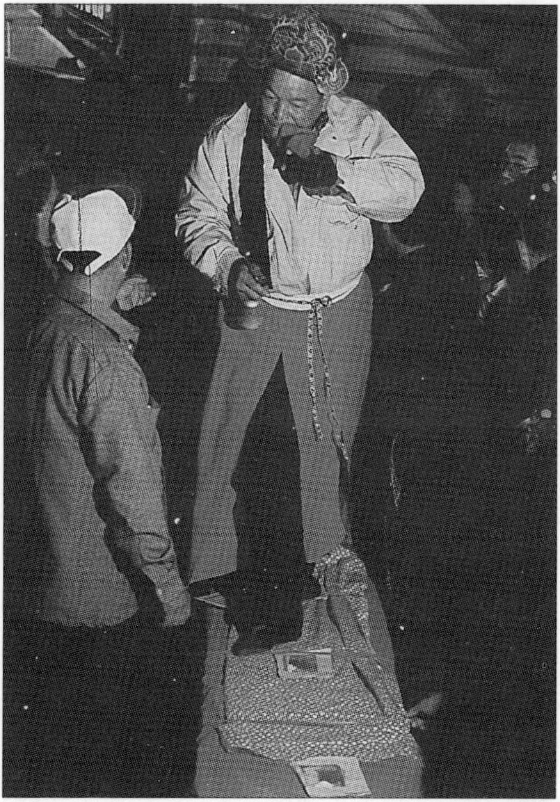

●過布橋。

壹　醮儀與奠安

「醮」，大致可分爲平安醮和祈安慶成醮，前者大部分爲定期；後者則以偶發性爲主，「奠安」慶典是「醮」的一種，必延請道士或法師來主持，兩者均以道教儀式爲祭典中心。

一、醮的意義

傳統醮祭，自古以來，因迭經演變，其義已隨時代而稍有不同，大抵可歸納爲四端，分述如下：

㈠《高唐賦》：醮諸神，禮太乙。李善注：醮，祭也。

㈡《隋書》：夜中於星辰之下，陳設酒脯、餅餌、幣物，歷祀天皇、太乙，祀五星列宿，爲書如上章之儀以奏之，名之爲醮。

㈢《正字通》：凡僧道設壇祈禱曰醮。

㈣劉枝萬《台北市松山祈安建醮祭典》：某一地方爲還願酬神之大規模祭典。

以上四義，均依時代而演變。第一義，醮即祭，可謂道教成立以前的古義，然僅知其爲祀天神，至其涵義及祭法，則不得其詳。第二義，夜間在露天，供物祭天神星宿，乃漢末道教成立以後之看法，故常被援用，幾成醮義之代表。第三義，可謂之自唐，經宋，至明代，道教盛行，儀式齊備之看法，亦頗中肯。至於第四義，還願酬神之大祭，乃現在道教衰微沒落時期，以民間信仰爲主體之看法。（註一）

二、醮的種類

「醮」，大致可區分爲平安醮和祈安慶成（奠安）醮兩大類。前者大部分爲定期；後者則以偶發性爲主。前者基本上是某一地方對天公、神佛，感謝其庇佑，或祈求賜福及合境平安的祭禮，有時亦爲神佛聖誕之期，善男信女們酬恩、謝願的儀式。如金門地區一年一度農曆四月十二日的城隍爺廟大拜拜，可謂萬人空巷。又如三月廿三日料羅順濟宮的媽祖聖誕，更是人山人海。至於後者，則旨在慶祝廟宇、宗祠、住家落成。近年來因廟宇、宗祠新建與重修者頗多，當然慶成醮亦因而相對加多。詳觀其儀式構成，其異乎祈安醮者，僅加行「追龍」、「點樑」、「點主」、「迎接姻親」、「迎接宗親」等幾項儀式而已，其實仍以祈安醮之內容爲主體，即「慶成」是動機，「祈安」爲目的；亦即「祈安」與「慶成」，兩醮混合而行。

若以醮期長短來分，二者仍有些微區別。儘管差異並不十分顯著，然前者一般都以一天到兩天爲主（或稱「一朝醮」、「二朝醮」）；後者則因醮的儀式較繁雜，一般都以二朝醮或三朝醮爲主（一般住家「安后土」僅限一天）。事實上，規模較大的慶典往往皆以三朝醮居多，二朝醮反不多見。蓋因醮祭乃某一地區（或姓式）之罕有盛典，既然擬行二朝，若較之三朝，相差僅一天，但儀式却不如後者之充實，故寧可捨二朝而勉強就三朝，比較實惠而合算。

「奠安」慶典與一般「熱鬧之拜拜」有所不同，基本上它是「醮」的一種，因而必延請道士（或法師）來主持，且須設道場，舉行道教儀式，時間更須延續一天以上，此均爲其不可或缺之條件。再詳言之，即以道教儀式爲整個祭典的中心，但以該祭典規模之大小而繁簡不一，但「若干基本科儀節目」却必須包括在內。所謂「若干基本科儀節目」者，應視各地方之傳統習俗，祭期的長短，以及道士或法師（二朝以內的醮祭，可由法師或道士主持；若是三朝醮則須禮聘道士三至五人，組成龐大道士團共同主持。）等條件而定，簡言之，則需包括請神、神人交歡與送神之三步驟爲其基準也。同時要按照傳統的步驟，逐一執行，既不得遺

●由法師主壇的道場畫。

漏，更不可亂序。

三、奠安的意義

「奠安」一詞，始見於何時，目前已無從可考。但據《說文》云：「奠，置祭也，從酋，酋，酒也；丌，其下也。禮有奠祭。」段注：「置祭者，置酒食而祭也，故從酋丌。丌者，所置物之質也。如置於席，則席為丌，……見酋下置之物多矣。言酒者，舉其一耑也。」《詩經》〈召南，采蘋〉：「于以奠之，宗室牖下。」可見「奠」是設置酒食以祭祀。（註二）

然若考之《中文大辭典》，則「奠安」與「安奠」同義，蓋言「安定也」。《高啓，詩》：「吾皇奮神武，四海始安奠。」可見「奠安」本義，乃是透過一定儀式，擺設各式各樣之供品，祈求上蒼賜福、神明庇佑，俾收洗靜、安宅之宏旨。（註三）

儘管「奠安」掌故探索匪易，然此種慶典在民間仍素受相當程度的重視。俗諺有云：「一陽居、二風水。」因而在新屋落成，或舊宅修葺後，不論是廟宇、宗祠或是一般住家，總不免要擇吉延請道士設醮、點樑奠安、設宴請客，隆重慶賀一番，供物祭祀天神星宿、禳災祈福，以收財、子、秀（福、祿、壽）及押煞、洗靜之宏效，俾使得人丁興旺、子孫萬代、財源廣茂、富貴連綿。而這一切都和陰陽五行，風水有著密切關係。故擬奠安，必擇對於該廟坐向

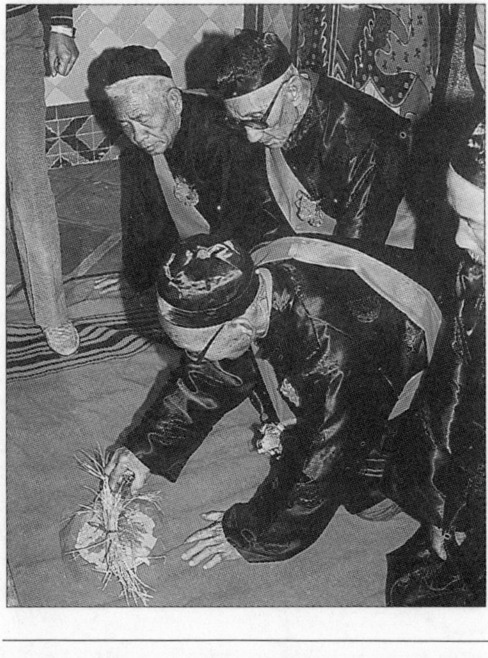

●醮儀雖是繁文縟節，然繁中有序，序中有規。

●建醮必延請道士（或法師）主持。

「有利」的年份，始無損及醮祭效果。若係坐北向南，自然選擇「南北利」之歲以建醮，順理而成章。在民衆方位觀念上，「東西利」與「南北利」，遞年交替，永無止境。至於該歲究屬何方「有利」，乃載諸該年之「通書」上，以此為準。（註四）吉時的選擇，相當不易。再加上昔日謀生不易，糊口已成問題，更別提奠安祝賀，故而有的人終其一生，仍未能一睹盛況。筆者因機緣巧合而能躬逢其盛，舉凡宗祠、寺廟及一般住家的奠安過程，皆能親自參與其事。在這二至三日的慶典之中，雖然整個儀式盡是繁文縟節，然繁中有序、序中有規，一切儀式皆在古禮中循序進行。

註釋

註一：劉枝萬《台灣民間信仰論集》頁一、二。

註二：三民書局《大辭典》頁一六一。

註三：另據父老傳說，「奠安」慶典，最早見之於有宋一代，因乏直接證據，故其眞實性待考。

註四：房屋坐向，除金鑾殿外，一般民間建築多係坐×向×，兼××，而且其兼的比例不可超越二比八或三比七標準。例如「許氏會元紀念館」即是「坐艮向坤，兼丑未。」因而房屋動工之前，必須延聘「牽羅經」師傅以羅盤測定方位。奠安時即以此標準為「有利」與否的依據。

貳　奠安的籌備

道場畫的佈置爲奠安籌備的首要工作，旨在勸人去惡、勉人向善。緣於吳道子做成「地獄變」壁畫後，京都人閱畢，油然而生敬畏情懷，進而生出向善之心。故道士（法師）們乃禮聘專人作畫，並製成卷軸，以備「尊安」之用。

一、道場畫的佈置

不論是平安醮，或是慶成（奠安）醮，道場畫之佈置皆爲其先決條件。道場畫亦因用途之不同，而可區分爲兩大類。其一爲作醮用，道士們用以祈福避邪，故其道場畫內容泰半是道教中傳說的神祇；另一類則是喪家爲死者超度亡魂法事專用，因而畫中人物皆以地藏王菩薩等爲代表。

在奠安過程中，究需若干道場畫？據聞並無固定數字，全視客觀環境——宗祠（或寺廟）之大小而定。空間大則道場畫自然增多，反之則相對減少。然最少不得少於三張。據主其事的法師稱，道場畫一律以奇數爲主，個中原委，其理甚明。大廳正中央牆壁懸掛者爲閭山法主，兩側右爲「茶菓」（金童），左爲「香花」（玉女），然後再依次爲南斗、北斗、恩主公、城隍爺、張元帥、張天師、蕭元帥、連元帥、上帝公、劉元帥畫像。（此乃由「法師」主壇之道壇。若是由「道士」主其事，則正中央應懸掛「三清畫像」——太清、玉清、上清圖像。）

●法師主壇的道場畫。

爲何儀式行進中，須懸掛此些畫像呢？據葉鈞培先生指出：道場畫原脫胎於寺廟之壁畫。

●道場畫旨在勸人去惡、勉人向善。

《太平廣記》上記載，唐朝吳道子於景公寺做成「地獄變」壁畫之後，京都人看畢，竟油然產生敬畏情懷，進而生出向善之心。故而一些寺廟內部牆壁大抵皆延請藝人在壁上作畫，即緣於此。旨在勸人去惡，勉人向善，可謂用心良苦。然廟宇壁畫乃一般性，不一定盡合所有之醮祭，更遑論此種「奠安」大典。因此法師（道士）們乃重金禮聘專人作畫，並製成卷軸，誠不失爲一勞永逸之策。

二、請神鑑醮

「奠安」醮期已近，必請醮域內外主要廟宇諸神菩薩像前來「鑑醮」。若是宗祠「奠安」，則原則上敬邀當地寺廟之主神像一尊前來「入壇安座」，並供奉在醮壇正中央供桌上。至於該邀請那一尊神像須擲筊而定，一仰一伏即爲「聖筊」。若是寺廟「奠安」，則將邀來之外廟神像連同該廟神像，按其尊卑大小，在供桌上妥爲安排，俾使鑑醮，但大神像則仍留神龕，未予集中。

三、斗燈與奠安

「斗燈」，顧名思義，就是米斗內裝燈，又名

「禮斗」或「拜斗」。其義在避邪物。因點燃斗燈，可照耀道場。原係星斗之象徵，對其祈求星光閃耀，以保人民元辰光彩。此種祭星之儀，起自於對古代星辰信仰，至其祀典則為歷朝所奉行而不墜。有關思想大抵涵育於民間習俗，而一直傳承至現在。因而在道教儀式中，不論是那一種醮，此一斗燈裝備，尤為不可或缺之重要設施。

斗燈，圓形，直徑約三十公分，高約四十公分，狀同大型罐頭，斗身皆漆紅色，為一古色古香之精緻木雕，斗中裝填約八分滿白米，米上放置尺、銅鏡、劍、秤、彩傘、長明燈及象徵吉祥如意的十二樣物，擺置在壇前供桌上。(這十二樣物品，依序為大麥、春粟、棉尾、西苧、紅殼、白殼、木炭、耒耜碎片、燈芯、韮菜、鉛錢，還有「芋」子「芋」孫的芋頭。)

斗燈內的火（長明燈）主生死，儀式開始後，斗燈內的火不可使之熄滅。執事必須隨時注意添加花生油。此一斗燈必須於儀式結束前，由道士（或法師）前導，再輔以喧天的鑼鼓聲，將之迎往主其事者或爐主家中，擺放六至十二天。此一科儀謂之「迎斗燈」。有時在料峭的寒風中，為免途中燈火熄滅，導致「前功盡棄」，此時須派人將此一斗燈放置在大型籮筐中，其上再覆以俗稱「花帕」的布塊，沿途敲鑼打鼓，呵護備至，好不熱鬧。

●木雕「斗燈」。

四、紙糊神祇及其不同特徵

糊紙業在道教科儀中，一直就扮演著非常吃重的角色，而糊紙師傅所製作的神祇，尺寸的大小，顏色的調配，人物的選擇，這一切的一切，往往因醮祭種類不同及規模大小而各異其趣。一般而言，神像的大小往往與宗祠（或寺廟）大小及醮祭規模成正比。

醮儀慶典之中，紙糊的神祇種類繁多，計有天公亭、神龍、山神、土地、六秀（宿）、南斗星君、北斗星君、有巢、四大神（魯班公、九天玄女、荷葉仙師、楊救貧）、六秀（宿）圖、表官、限官、橋頭將軍、橋尾土地、地龍、地虎、五斗盒等。（若是三朝醮祭，則尚有騎「四不像」的姜子牙、騎「黑麒麟」的文太師）。茲依其不同特色，簡述如下：

天公亭：爲一座雕樑畫棟、色彩繽紛、構造宏偉、氣象萬千的三層「建築」。最上層爲「三官大帝」（註一），中層爲三卷表裏，下層才是底座。因價格之不同，而有單面與雙面之別。

《通俗編》謂三官爲「金、木、水」又謂三官俱爲「周幽王之諫臣，一曰唐宏，一曰葛雍，一曰周倉。」《神仙通鑑》謂：「天官，堯也；地官，舜也；水官，禹也」。並謂：因堯定天時，以齊七政（註二），故爲天官；舜畫十二州（註三），以安百姓，故爲地官；禹治洪水，以奠民居，故爲水官，合稱爲三官大帝。」

連雅堂於《台灣通史》謂：「天官賜福，地官赦罪，水官消災，台灣以堯、舜、禹爲天、地、水三官。」

道教的三官又稱三元，以上元、中元、下元三節配爲天、地、水三官之生日。（註四）

天公亭中層則爲三卷表裏，正面看不出有三卷，但由側面可看出三卷表裏及「凌霄寶殿」字樣。至於爲何要糊這三卷表裏？主要目的在區分不同官職。其中一卷上告天官，一卷中告地官，另一卷則下告水官，故謂之三卷表裏。而這三卷表裏又因象徵意義不同而有青、紅、黃三種顏色。據糊紙業師傅表示，上卷象徵青天故糊以青色，中卷象徵赤地故糊以紅色，下卷象徵黃種人故糊以黃色。醮祭規模大者用「天公亭」，規模小者如一朝醮則只糊「表裏」而已。若是表裏，則上面題以「玉皇大帝」字樣，辨別相當容易。

神龍：在奠安過程中，它一直都扮演着相當重要角色。但因宗祠（或廟宇）的大小不同，神龍尺寸亦有巨細之別。據說最小的僅已七、八尺而已（以魯班尺爲基準），然這麼袖珍型的神龍很少見，光是龍頭有時就有七、八尺長。因而一般都以一丈二和二丈四爲主。最大的神龍亦有長達三丈六的。端視實際需要而定。目前的造價至少須六千元以上。

●拜壇左側的紙糊神祇，由左而右依序爲白虎、玄武、青龍。

●拜壇右側的紙糊神祇，由左而右依序爲朱雀、勾陳、螣蛇。

山神：位於宗祠（或寺廟）大門右側。紅臉、黑鬚、容貌威武，戴盔甲，著紅色戰袍，一付武將打扮，手提青龍偃月刀，背插五方旗，騎青獅，威風凜凜。（註五）

土地：位於宗祠（或寺廟）大門左側，與山神遙遙相對。白臉、白鬚、白眉，容貌祥和，頭戴土地公帽，身穿土地公袍，一付員外模樣，騎黃虎。

六秀（宿），包括以下諸靈獸：

東：青龍，鄧九公。青面、紅眉、紅鬚、戴冠，左手持青旗，身著青袍，足蹬青龍。

西：白虎，殷成秀。白面、黑眉、黑鬚、戴冠，右手持白旗，身著紅袍，騎白虎。

南：朱雀，馬方。紅面、黑眉、黑鬚、戴冠，左手持紅旗，身著淺綠戰袍，騎紅孔雀。

北：玄武，徐坤。黑面、黑眉、黑鬚、戴冠，右手持黑旗，身著黑袍，足蹬黑龜。

中央：勾陳（天父），雷鵬。綠面、紅眉、紅鬚、戴冠，右手持綠旗，身穿綠袍，足蹬綠蛟。螣蛇（地母），張山。黃面、白眉、白鬚、戴冠，左手持黃旗，身穿黃袍，足蹬黃蛇。

南斗星君：主生。位於天公亭右側，其特徵爲紅臉、黑眉、黑鬚、怒目、戴冠，手持奏摺，上穿綠衣，下著紅袍。

北斗星君：主死。位於天公亭左側，其特徵爲黑臉、白眉、白鬚、怒目、戴冠，手持奏摺，上穿紅衣，下著綠袍。

有巢：居壇中央，戴斗笠、白臉、黑眉、著綠衣服。（有巢氏，古帝，教人以居處之法）。《韓非子》〈五蠹〉：「上古之世，人民少而禽獸蟲蛇衆，人民不勝禽獸蟲蛇，有聖人作，構木爲巢，以避群害；而民悅之，使王天下，號曰有巢氏」。按路史所載有巢氏有二：一在燧人氏之前，亦曰大巢氏，教民構木爲巢；一在伏羲氏之後，教民編槿而廬，緝藧而扉。（註六）爲飲水思源，如今奠安慶典，自當以貴賓身分邀請觀禮，難怪父老們常說，沒有「有巢」這一尊紙糊神祇，就不可奠安。

魯班公：左手臂拿屈尺，白臉、黑眉、黑鬚、戴冠，著紅衣服，士紳模樣，爲木匠界老祖宗。

九天玄女：雙手捧葫蘆，玉臉、柳眉、著紅衣、黃裙，淑女打扮，爲打石師傅老祖宗。

荷葉仙師：左手打麈尾，白臉、黑眉、黑鬚、著綠衣、戴冠，道長扮相。爲泥水匠祖師爺。

楊救貧（聖人）：捧羅經（今謂之羅盤），白臉、黑眉、黑鬚、著青衣、戴冠。爲牽羅經者的開山鼻祖（以上四神通稱四大神）。

六秀（宿）圖：爲六秀（宿）神祇之衣服。

●五斗盒。

表官：進表供奉的神祇。二朝醮，只用一位表官即可，且不必另行搭壇，若是三朝醮，因其須二度進表，故須表官兩位，並須於宗祠（或寺廟）前搭壇安座。

限官、橋頭將軍、橋尾土地：「過布橋」時供奉神祇。

地龍、地虎：起鼓用。掛壇時就須擺放在道壇下方兩側。另外，尚須黑虎（俗稱大煞）一隻，三牲一付。

五斗盒：仍然是放置在道壇下，爲五方神將燈。

若是三朝醮，則尚有姜子牙與文太師兩位神祇：

姜子牙：白髮、白眉、白鬚、白臉，著道服，右手舉令旗，腰佩寶劍，騎「四不像」。（獸名，「麈」之俗稱。俄倫春（鄂倫春）役之如牛馬。有事哨之則來，舐以鹽則去，部人賴之，不殺也。（註七）或說「四不像」：野獸名，頭像鹿、尾像驢、蹄像牛、背像駱駝。又叫「駝鹿」。（註八）

文太師：黑眉、黑鬚、黃臉，穿文武甲，背插五方旗，騎黑麒麟。

五、符術

神符與神術

道士之符咒，其思想淵源乃中國道家的陰陽五行說。其基本觀念就是認為宇宙——也就是太極，實由陰陽二儀所成，二儀生四象——春、夏、秋、冬，四象化八卦。五行是木、火、土、金、水，此五行的消長為相尅相生，是謂人生的榮枯盛衰，吉凶、禍福也是相互消長，其離合、聚散、多少、有無、貧富、貴賤等都脫離不了五行的運作，所以陰陽是宇宙的本體論，而五行為現象論，人生固為宇宙的一部分，故深受陰陽五行影響。道士用的符咒便是根據陰陽五行學說加以引申運用，並藉此種不可測的神秘力量為人消災驅邪、治病除害。

神符乍看僅是一張紙、一塊布、一塊石（磚頭、一截竹管，可謂毫不起眼，實則代表著某神，意義與某某神相同。每一位神祇都有其部屬，亦即他役使的小神或收來的小鬼，這些鬼神均得聽從這位神祇的旨意，因而符令一出，鬼神便立刻為這位神祇效勞奔命，來達成神祇所要求他們做的事，也就是驅邪治病。所以符看來雖是象徵性的東西，人們卻認為它具有千兵萬馬的神力。符的上端，可看見有上勾的三點，據解釋這三點乃代表玉清祖師、上清祖師、太清祖師，換言之，即如風如雷，急急催促之意。目的在催促所役鬼神不可怠慢，要像風像雷般迅速，趕快去達成使命。

符神力之應驗應是無形的，正如宗教信仰所以能慰藉人的精神一般，全在於無形中增強人的生命力，提高人的道德情操。所以神符的功力在於無形中，僅能在冥冥造化中去親自體驗，而不在於外形的呈現或可見的現象中。

符的種類

由於符有各種不同用途，因而可區分為多種，如平安符、治病符、和合符、安胎符、化骨符、生雲符等不一而足。其中又以鎮宅的平安符為大宗。而在整個奠安儀式之中，所有的神符皆能以驅邪押煞、消災改厄為主體，如懸

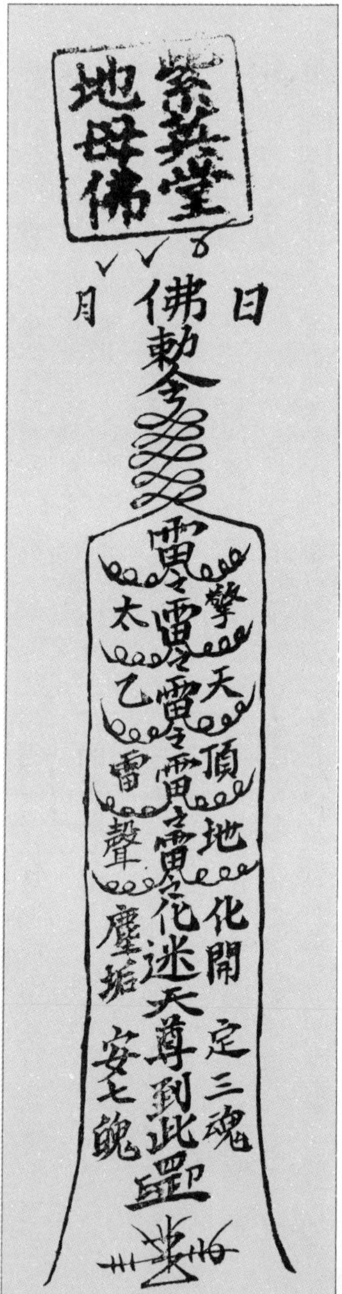

●五雷符。

掛於大廳正中央的黑布「大符」，大符上面兩側的聯語：「符鎮宅中招百福，柳揷堂上掃千災。」就已一目了然。其他如鎮五方的角符、竹符、磚符、石符等，種類繁多，五花八門。儀式結束後，緊閉所有門窗，於縫隙處貼上紙符，這種符通常是用墨汁或朱砂畫在黃紙上，寬約三台寸，長約七台寸。

六、道士（法師）與禳安

道教是後漢道士張道陵所創，乃根據中國古代學術、天文、醫術等融會而成，尤其因爲吸收老莊、儒家、佛教等思想而形成一種獨特的宗教思想，傳遍社會各階層，影響大衆的精神與現實生活。

「道士」原是佛教所用的稱謂，意指佛道修行之士。據《佛教辭典》記載，從漢、魏至符姚止都稱衆僧爲道士，到魏太延二年，寇謙之開始以道士爲學道之士。現在稱道教的道士，前身應爲方士，古時有方士奉祀神仙，論說導引，服餌、飛昇、變幻等方術之士。秦始皇及漢武帝都深信方術，後來道教一出，方士也逐漸爲道士了，過去三百多年中，道教的道士一直在社會中很有地位，深受民衆敬仰。

金門的道教應屬正乙教宗。正乙派以江南龍虎山嗣漢爲領袖，聽說必須到龍虎山檢驗，由天師發「籙」的合格證才可做道長。現在六十三代天師張恩溥身在台北，看來只要到台北應試就可以了。（註九）正乙宗又分兩種，一種是泉州來的道士；另一種是從漳洲來的，法事稍有不同。據劉文三先生文中所敍，泉州的幽法比較純正完全，而漳州的請法比較好看。目前在金門的道士（法師）據說都是從泉州傳來的，基本上只是派別不同而已。道士以三清（太淸、玉清、上清）爲宗師；法師則又因派系不同而區分爲九天玄女派（據說已失傳）和閭山法主

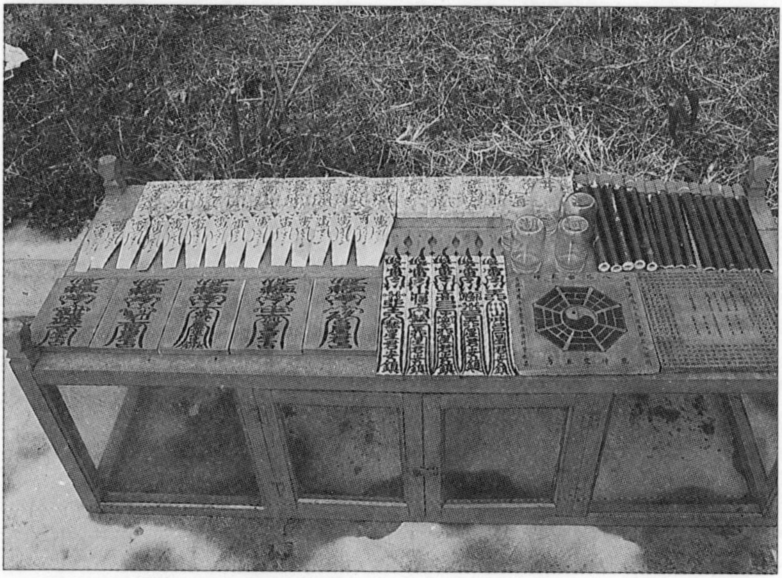

●竹符、磚符、角鐵、石頭符、磚契。

派兩支。道士，頭戴黑網巾，身著道服，穿鞋，有一定的服裝。法師，頭戴彎月形帽沿，上身隨便，下身著紅色圍巾，光腳。在整箇奠安過程之中，道士主壇與法師主壇，儀式略有不同，只要稍加留意便可看出其中不同點。

●大符鎮宅招百福。

註釋

註　一：三官大帝俗稱三界公，就是天官，地官，水官等三神的總稱，又稱三官上帝。這也是自然崇拜的遺風，中國北方這種信仰已經衰微，唯福建和台灣仍十分盛行。傳說這三神係奉玉皇大帝委任管轄三界。其稱號，爲天官一品，上元（正月十五日）賜福的紫微大帝；地官二品，中元（七月十五日）赦罪的清盧大帝；水官三品，下元（十月十五日）解厄的洞陰大帝。其神格僅次於玉皇大帝，監察人間善惡，極爲民間所崇信。

註　二：七政，日月五星也。《書舜典》：「在璿璣玉衡，以齊七政。」，吳澄謂日月五星之運行，各有限節度數，如國家之政，故謂之七政，見《辭源》上冊頁十三。

註　三：禹治水之後，分天下爲九州。冀、兗、青、徐、荆、揚、豫、梁、雍。舜分冀州爲幽州、并州。分青州爲營州。是爲十二州。

註　四：引錄自姜義鎮《台灣的民間信仰》頁四十八、四十九。

註　五：本文所有方位取向，皆以筆者面向宗祠爲基準。

註　六：見《辭海》上冊，頁一四一九。

註　七：見《辭海》上冊，頁四四三。

註　八：見《辭彙》，頁一四一。

註　九：引錄自劉文三《台灣宗教藝術》，頁七三、七四。

參　宗祠及寺廟的奠安儀式

進酒降神、酌酒灌地、供饌饗神、神人交歡。乃「奠安」「建醮」的主要儀式。而宗祠奠安保有祭祖、迎接宗親、姻親……等慎終追遠、光宗裕族的科儀，非他類醮祭可望其項背。

一、第一天儀式：起鼓，請神……

㈠起鼓

在長老依序上過香後，「咚！咚！……」一聲急過一聲的鑼鼓響聲，在微寒夜裏，劃過寂靜的長空，正式拉開爲期三天的慶安大典序幕。首先道士（或法師）自屋外「引鼓」進入道場，廟外及時鳴放爆竹，須臾，鼓樂齊鳴，在震耳欲聾樂聲中，長老們再度上壇焚香禱祝，敬告神明。奠安儀式於焉揭幕，是爲「起鼓」。

「起鼓」乃整個奠安過程中的起點，其性質有如野台戲中的「鬧台」。因爲它很容易「犯沖」，故而良辰吉時的選擇尤其重要。一般說來，爲了「避煞」，「起鼓」的時間大部分皆選定在深夜進行。爲求制煞，法師在起鼓前照例會準備兩個米篩，其上並以外圓內方的古錢幣，各排成一個八卦圖形，一個用在起鼓之時，另一個則用在制煞戲演出之時。

自古以來，祀神必供酒，即現在民間拜神亦然，數千年來，「進酒降神」、「酌酒灌地」之習俗，尚被固守不渝。道教起自民間信仰，故襲此俗，順理而成章。而「奠安」乃「醮」之一種，故供饌饗神，慇懃款待，神人交歡，自成爲主要儀式。而「起鼓」又是儀式的前奏，因

●「起鼓」乃奠安儀式的起點。

而儀式一開始，就可在地上看到白雞一隻、大煞（紙糊黑虎）一隻、米一斗、劍一把、三牲一付、淸酒三杯。

此時象徵「添丁進財」的方形燈早已掛滿宗祠兩側的廊檐，一盞一盞的小燈齊聚一塊，把整個宗祠照耀得亮麗無比，如同白晝，蔚爲奇觀。這種長條方形燈，在舊式農業社會中象徵著人丁興旺，子孫綿延等多重意義，故而在整個儀式過程中，自始至尾一直扮演著重要角色。以往必須另派專人照顧，儀式進行中絕不能使燈中之火熄滅。爾來均已電氣化，此層顧慮也就相對減低。至於燈數的多寡，則視實際情況而定，一般言之，若是宗親（或鄉親）人數衆多，則每戶以一盞爲限，反之，亦有以男丁人數多寡，作爲取捨標準的。（註一）

㈡法奏

整個奠安的儀式都是前後連貫、一氣呵成，茲爲了易於研究起見，只好予以分解敍述。

「起鼓」工作告一段落後，隨之而起的便是鐘鼓之聲、管籥之音，此起彼落，好不熱鬧。「大鼓吹」這種巨無霸的樂器更是「哺！哺！哺！」吹得震天價響，整個儀式即在繁絃急管「法奏」之中，愈發顯得熱絡，而逐步進入高潮。

「法奏」乃「發表上章，功曹傳達」，先由一道士宣讀表章，奏明慶典主旨、日期、主事之人及宗祠（或寺廟）坐向等，再由另一道士（或法師）及長老數人秉持肅穆神情，恭恭敬敬地跪在神壇前焚香，恭向所有神祇禱祝：懇求神祇下凡各掌其權、各司其職。待一切就緒後，道士（或法師）始步下道壇，焚化表章與功曹表馬，俾將訊息傳達於靈界。

「法奏」目的在發送表章，並將功曹傳達，等於人間筵客，先發請帖之義，乃與下面所要說明的「請神」——即俗稱迎神儀式，形成慶典開端之一連串宗教行爲，一請一迎，前呼後應，務期周到。因係整個慶典當中重要節目，故而在所有醮類之中，均是不可忽視的工作。

㈢請神

「請神」，即「啓請地祇，迎鑾接駕」。此一儀式，於其內容，係銜接在「法奏」儀式之後，旨在恭迎已經降臨之衆天神地祇鑾駕，頗爲重要。故「法奏」與「請神」，由整個慶典言之，其程序理應排在第一天的儀式。事實上這兩種儀式，很難畫分，就好像客人接到請柬後，準時前來赴宴一般。衆神於接收「法奏」訊息後，亦皆如期降臨。

至於邀請的神祇，則上自玉皇大帝、三官、天師、北帝、觀音、南斗、北斗、福德等，下至歷代開基始祖，皆在邀請的範圍之內，此乃專指宗祠而言，寺廟則泛指衆神祇而言。總之，只要與這次慶典有關的神祇，概爲座上客，皆須以禮相待。

(四)制煞戲

在一陣緊鑼密鼓之後，緊接著是另一齣重頭戲——「制煞戲」。這種戲就是俗稱的「加禮戲」，又稱「傀儡戲」、「伽儡戲」，或「木偶戲」，舊稱「四美班」，與「影戲」、「布袋戲」合稱爲「偶戲」。傀儡戲偶身軀如頭、手和脚部分，多以木頭雕製，而以竹片、竹枝爲骨幹，外面披

●傀儡戲演出前，先取白雞雞血制煞。

●掀樑前，由長老及木匠、泥水匠、打石匠等師傅焚香祝禱。

戴衣冠服飾，由主演者用手操縱連絡各關節之絲線，來表演各種身段、步法。

據《金門縣志》云：「傀儡長尺許，搭台張幕，牽線登台，一人於幕後操縱唱曲，數人鑼鼓相和，所唱曲詞與南管略同。金門風俗結婚及天誕，多演傀儡戲以酬神，技術不復進步，每次演出，大抵草草數十分鐘即止。劇情多取吉利，有唐明皇、子儀拜壽、文武狀元、父子國王、天下全福、父子狀元、狀元遊街、春光考放、攻打流沙、玉蘭行路、一門雙喜等。」可見傀儡戲對操縱者的技巧較為講究，舞台方面並不嚴格要求，只要在演出之前，簡單地搭一小台，掛上布幕即可開鑼表演。除開操演者外，至少要有三位樂師，一位敲鑼（包括大小鑼）、一位打鼓、一位吹嗩吶。據業者指出，金門地區最早擁有傀儡戲班的是道號「良記」的楊姓業者和道號「金順興」的孫姓業者，彼等皆師出名門——由「林好師」親自調教。

傀儡戲分文戲、武戲兩大單元。文戲多是結婚、加冠、天公誕辰時演出（金門金城鎮城隍廟前每年農曆四月十二日城隍爺聖誕前夕，仍可看到零星演出。），內容多演些吉利討喜的戲目，如〈天下全福〉〈文武狀元〉〈父子國王〉〈一門三元〉等。而武戲則是宗廟宅第落成時，爲求安靖制煞對付妖魔鬼怪之用，可得亮出「傢伙」——即比一般武器小好幾級，適合傀儡尺寸的刀槍劍戟綁在戲偶手上來制煞，戲目只有〈攻打流沙〉〈克復流沙〉〈攻打田橋〉等。

各行各業都有其供奉之祖師爺，傀儡戲亦不例外。那一位有著紅咚咚的臉孔，綁著兩條辮子，一身紅衣的傀儡就是，傀儡戲班稱他爲「相公爺」，也叫「傀儡王」，每當演出之前，總得請他出來跳棚、請神，戲碼方能演出。

在奠安慶典之中，傀儡戲常演出鍾馗收妖——驅除妖魔鬼怪，其目的乃在於「制煞」，故而孕婦與小孩最好是少看爲妙，以免犯冲。也就因爲這一層顧慮，傀儡戲的演出大多選在天未亮，人們正好夢連床之際舉行。

(五)掀樑

在長老及木匠、泥水匠、打石匠等師傅輪番上過香，並擺上三牲之後，「掀樑」的儀式正式開鑼，大致說來，一幢房屋的興建，必須要有好幾種不同的師傅群策群力，分工合作乃能大功告成。因在興建之初須先禮聘牽羅經的師傅確定房屋坐向，然後再鳩工興建，接著木匠、泥水匠、打石匠亦各司其職。職是之故，擬定「奠安」之前，必須依照當年牽羅經師傅所定之方位，於「大利」之年，聘請道士擇吉舉行慶典。整個儀式之中，木匠、泥水匠、打石匠三種師傅最搶風頭。據父老云，這三種師傅當中，若論先後次序，則以打石匠爲最尊，這大概是因爲房屋興建之前，要先行奠基之故。然掀樑時則以木匠最拉風。

儀式的開端，由木匠循燈梯拾級而上，上香後，撕去包在屋樑中央的紅布。（這一塊紅布，於興建之時，就已由木匠蓋在已繪製妥當的太極圖上。若是有前後進的建築，則後進樑柱中央畫太極，前進則畫兩儀。）（註二）然後用甘草水洗去太極（或兩儀）上的塵垢。儀式雖簡單，却也隆重不已。若有前後進者，掀樑時須先從「後進」掀起，然後才掀「前進」。就是點樑也須按部就班，不可躁進。儀式結束後，屋樑中央耀眼的「太極圖」便隨即映入眼簾，再就是兩側的樑燈（一盞）、俗稱「粽子」的角黍（十二個）、彩線（一個）和五穀袋（一個）等等。

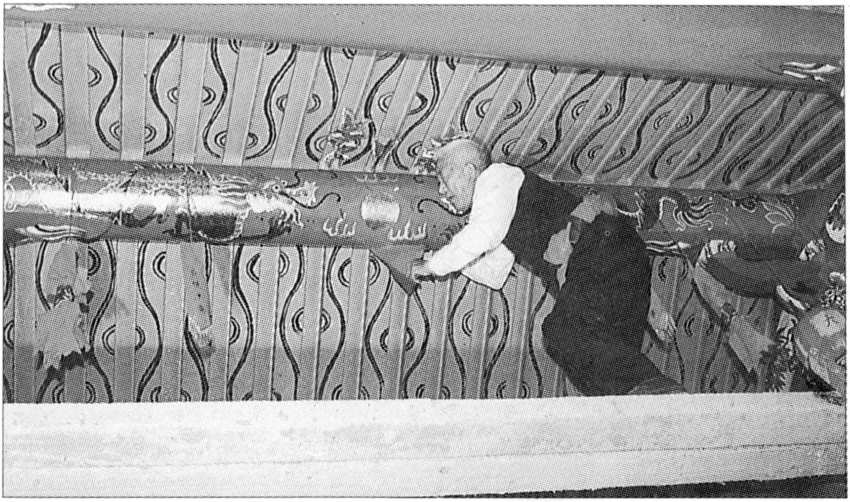

●掀樑需按步就班。從後進掀起（上圖），再掀前進（下圖）。

㈥點樑

1 木匠部份

在木匠一陣口中唸唸有詞迎請神靈之後，奠安儀式即眞正進入高潮，首先上場的是木匠。但見其右手持寶劍，左手捉公雞，接著用金紙少許點燃火苗，在寶劍及公雞上面搖晃一下，予以淨化，向前後左右四個方位打拱作揖，然後大聲朗誦：「……天地開，魯班先生（註三）賜我來，左手是捉金雞，右手是持寶劍。此劍是九天玄女的寶劍；此雞是九天玄女（註四）的金雞，……散吉大事，發啊！」（此後在許多儀式之中都有相同情況，使得宗祠或寺廟之內喊「發啊！」之聲此起彼落，熱鬧異常。）

古人說：「殺雞焉用牛刀」。然在此時此地却可看到木匠高舉寶劍割雞冠取雞血的有趣畫面，但見木匠掄起沈重而又略顯鐵銹的寶劍，吃力地割下了公雞的雞冠，並以毛筆沾取鮮血，然後再度登梯，進行點樑的儀式。在拾級登梯的過程，口中又唸著：「脚踏金梯，正是點樑時，發啊！」

登梯後，置身於插有一對金花（金色的造花。往者秀才或舉人名列金榜時，用以插在帽冠兩側者。樑中插金花，借以表示樑柱的光榮。）的太極（或兩儀）下方，用沾有雞血的毛筆開始依序敕點樑柱，一邊點一邊唸道：

一筆點聖人（樑中央），
代代子孫出萬人（指「出人頭地」而言）
二筆點樑頭（前面），
代代子孫出宰相頭（指「飛黃騰達」而言）
三筆點樑尾（後面），
代代子孫賺錢當家伙（指「富貴綿延」而言）

唯此中口訣乃一般性，並無強制規定，並非每一位木匠唸法都完全雷同，儘管個中或許有些差異，然皆以吉利話爲主，則殆無疑問。

點樑請神牒文（木匠專用）

伏羲天地開，魯班（即魯般）先生賜我來，左手執金圭（金雞），右手執寶劍，只劍是乜劍（即此劍是什麼劍之意。「乜」字於閩南語讀「咪」音），只劍（即此劍）正是九天玄女殿前寶劍，只圭是乜圭（即此雞是什麼雞之意。）只圭（即此雞）正是九天玄女殿前報曉圭，靈殺血萬事大吉，一點圭血左眼開，二點圭血右眼開，左眼看山水，右眼看家財，三點樑中萬事大吉，一杯米酒把樑頭，百子千孫，二杯米酒把樑尾，富貴十全，三杯米酒把樑中，代代子孫入皇宮，焚香拜請福建泉州府〇〇縣〇〇都〇〇鄉〇〇姓〇〇名弟子起蓋高堂，再拜請陽公祖師、葉仙師、張李仙師神君，再拜請于州府臨川縣魯班先生一郎、二郎、三郎，姜氏夫人、黃氏小娘神君，再拜請本家灶君、土地、觀音佛祖、門神户位、井神君，再拜請本境列位王爺神君擇起本月〇日〇時上樑，預祈大吉，添丁進財，老幼康寧，世世科第，詩禮傳家，六畜興旺，天長地久，弟子備辦三牲五牲菓品香灼，各方神佛，就單領納金紙，天地陰陽龍門開，一條眞龍高山來，魯班親自去剪取一塊中庸根，是我做聽我言。

酒把樑中代代子孫入皇宮

封樑掛起進高台　代代子孫做官兩排

樑掛起是樑燈　代代子孫萬年興

樑掛起是紅錢　代代子孫富貴年

樑掛起是五谷（穀）　代代子孫食王禄

一把五谷（穀）鎮在東方甲乙是木，長房子孫食皇禄

一把五谷（穀）鎮在西方庚辛酉是金，二房子孫入翰林

一把五谷（穀）鎮在南方丙丁是火，三房子孫官居國老

一把五谷（穀）鎮在北方壬子癸是水，四五六七房子孫大富貴

一把五谷（穀）鎮在中央戊己是土，代代子孫壽元至彭祖

一把五谷（穀）鎮出去，千災萬禍盡消除

一把五谷（穀）鎮入來，代代添丁共進財

2 泥水匠部份

木匠儀式完畢後，緊接著就由泥水匠主持。只見他不慌不忙，右手提劍、左手捉鴨，經過同樣的淨化手續及打拱作揖後，便開始大聲唸唸有詞：「……天地開，荷葉仙師賜我來（註五），左手是捉寶鴨，右手是持寶劍。此劍是九天玄女押煞的寶劍；此鴨是九天玄女押煞的寶鴨。押山山清、押地地靈、押水水共同、押人人興旺，押入來，添丁又進財，發啊！押出去，

兇神惡煞皆走避，發啊！」

殺鴨歌訣（泥水匠專用）

白雲飛來到處開，吾奉九天玄女來，賜我左手執烏鴨，右手執寶劍，此鴨正是乜鴨，乃是九天玄女正身鴨，此劍非是乜劍，正是九天玄女青龍劍，押天天上氣，押地地裡藏，押山山來龍，押水水潮堂，押人人興旺，押鬼鬼潮藏，凶神惡殺盡迴避，押去外州、外省、外府、外縣、外夷，各各退去五千里，不准爾回頭，願得主人大富貴，福祿壽三星喜相隨。

●泥水匠右手執劍，左手執鴨，口唸訣。

●打石匠手捧「金」盤獻五穀。

3 打石匠部分

整個點樑儀式之中，這算是比較好玩的一環，因爲在場觀禮者，人人皆可參與，且可「滿載而歸」，故而常會出現搶拾的畫面，煞是有趣。

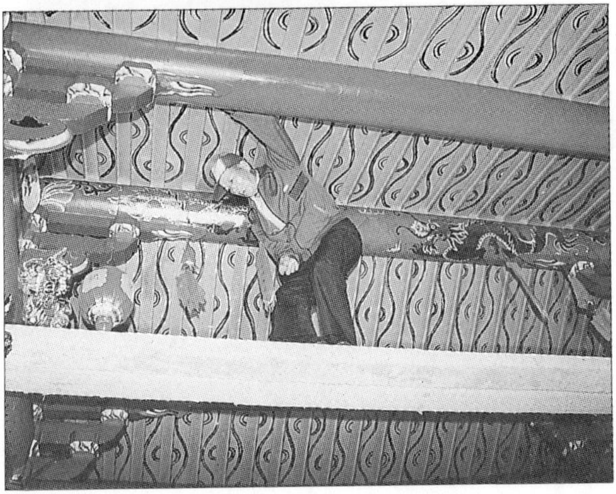

●打石匠爲屋樑掛上樑燈、角黍、彩線、五穀袋。

只見打石匠左手捧「金」盤，右手緊抓著盤中的五穀（註六），口中唸道：「手捧金盤，正是魯班先生的徒弟……。」然後一邊撒著五穀，一邊高聲朗誦：

五穀獻入（撒向）東方甲乙木，代代子孫吃俸祿。發啊！

五穀獻入（撒向）西方庚申金，代代子孫富滿金。發啊！

五穀獻入（撒向）南方丙丁火，代代子孫賺錢作家伙（財產）。發啊！

五穀獻入（撒向）北方壬癸水，代代子孫大富貴。發啊！

五穀獻入（撒向）中央戊己土，代代子孫做彭祖（壽比南山）。發啊！

五穀獻入（撒向）東，青龍星君（鄧九公）進。發啊！

五穀獻入（撒向）南，朱雀星君（馬方）進。發啊！

五穀獻入（撒向）西，白虎星君（殷成秀）進。發啊！

五穀獻入（撒向）北，玄武星君（徐坤）進。發啊！

五穀獻入（撒向）中，勾陳星君（天父、雷鵬）螣蛇星君（地母、張山）進。發啊！

五穀獻入（撒向）來，添丁又進財，發啊！

五穀獻入（撒向）出去，凶神惡煞皆逃避，發啊！

五穀獻入（撒向）壁（牆壁），子孫大進躍（鵬程萬里），發啊！

五穀獻入（撒）不完，子孫中狀元（飛黃騰達），發啊！

五穀獻入（撒）有剩，千子傳萬孫（子孫連綿），發啊！

五穀獻入（撒）樑中，子孫進皇宮（封侯拜相），發啊！

五穀獻入（撒）滿厝，代代子孫蓋新厝（廣置田產），發啊！

總之，整個過程皆以吉祥話爲之，只要以閩南話喊出來可以諧音成韻的，即可隨心所欲，任意變化，不必一定要一成不變，因而每一位主其事者，所喊的皆不盡相同，然「萬變不離其宗」。眞是應驗了古人所謂的「戲法人人會變，巧妙各有不同。」例如：

口聲中娘殺鴨（打石匠專用）

伏羲天地開，魯班先祖賜我來，良時吉日興起蓋，付悅（一作荷葉）先祖降下來，白雲飛來到此間，左手執烏鴨，右手執寶劍，烏鴨明明透天庭，乃是九天玄女事殺鴨，鴨山山回頭，鴨水水朝堂，鴨人人興旺，乙聲道響應天公，雄兵猛將隨我傍，天殺花開天上去，地殺花開地黑崇，年殺花開歸年位，月殺花開月下才，意有風神不者立，立刻道下盡回備，老者康寧添福壽，壯者代代生貴子，今朝吉日地生財，高山取來金良石，起蓋高堂萬年興，代代子孫出萬丁，進頭家口進。

木匠、泥水匠、打石匠忙完了之後，一旁的道士（或法師）又開始忙著唸「經文」，爲一窺其堂奧，茲列舉由法師主壇的部分經文於後，俾供參考：

天地之靈明日月以照臨風雨雷電皆生咸地支之崢嶸吉發庇有應昭耀點樑上十三凱樑王十二生樑神。十壹尊樑桷，九九尊者伏俯法增界。樑中三才子。第七得團圞。

金樑銀桷仙帝瓦　華蓋仙師來變造
賽遇諸神仙境駕　宅造完峻大典展
神通汚穢渺無踪　寅中己慶來起造
逢畏不清又不淨　時日魔穢來觸見

●取「花帕」、「金扣」壓厝角、安樑神。

今朝蓋起敕無窮　子午夘酉來造訪
邪魔鬼魅來侵犯　擾患垓界無知見
建立森駕來作醮　安慶團圓滅災禍
觀見輝煌照五虎　清淨壇宇家安泰
辰戌丑未起來造　壹旦樑王朝暮現
遇因生靈含污穢　致惹宅中不興盛
良月吉辰造完峻　偶見天堂諸邪精
反爲禍厄消病愆

祝
樑神祝文

維
年歲次　月　日弟子　等謹以牲醴、菓品、金帛之
儀昭
告於我
樑神之前曰：「紫雲」（註七）追遠，肇建落成。
奠安祀慶，詹茲良辰。祠堂佳構，輪奐一新。
良木爲宲，憑依在神。八卦永鎮，百福並臻。
佈牲獻酒，蘋饈案盈。惟祈享格，永仗神英。
神明永駐，靈氣昇騰。護我家廟，祐我後生。
一誠上格，百拜肅申。

●五色旗。

恭維

尚饗

㈦追龍

在長老輪番上香後，乩童開始起乩（震抖全身，幾近自我催眠狀態，待神靈附體），經「豎桌頭」者傳達神明旨意，確定好良辰吉時，這齣大型的活動——追龍的儀式就正式展開了。

首先由彩旗領隊（彩旗居前，蓋取其「好頭采」之意）然後由鑼鼓隊、五色旗（青、黃、紅、綠、白）、龍隊（含舉龍及挑龍水）長老數名（據父老表示，長老人數多取奇數，至於原因為何，則無從考據，只能姑妄言之。），佩戴刀劍武士四至六名（武士兵器多以鋤頭、耙、木棍代之），國樂隊、西樂隊、神輿、道士則殿後，一行人浩浩蕩蕩前往事先堪察好的「龍脈」出發。（風水講求的是「龍脈」的形成，如果龍脈在山，便稱山龍，其源頭叫龍頭或起龍），龍頭支脈叫分龍，分支末端便稱注龍（龍尾）。此外，又把山脊叫做龍脊，靈氣聚集處稱龍穴，靈氣外露者叫來龍，這樣把地表形勢作詳細的類比系統，可算是傳統地形學觀念的原型。而中國的總龍頭則在崑崙山，所以它一直被賦予神聖的色彩。（註八）

到達目的地（龍脈）之後。乩童再度起乩。神龍經過一陣狂舞，忽進忽退、忽左忽右、忽上忽下、忽搖忽擺、忽靜忽動，龍身蜿蜒穿插、奔跑滾翻；獻出翻江攪海之勢，縱跳躍捷，騰雲駕霧，演得維妙維肖，愈發顯得活龍活現，修長的兩條龍鬚則被左右兩側的彪形大漢牢牢牽引住，深怕被飛掉一樣。（對於龍鬚被牽引一事，有人則持保留態度，因為「飛龍在天」的神龍本該讓他能自由自在騰雲駕霧才能一展長才。）此時道士（或法師）們眼見時機成熟，便即刻作法，於是乎腳踏七星步，口中頻頻吹起靈角，手中揮舞著靈鞭，直如一幅龍飛鳳舞的景象。頃刻間，道士手中已多了一柄亮晃晃的七星寶劍。手起刀落，一節赤紅的雞冠已活生生地墜落在地上，赤紅的鮮血汨汨而出，剎那間，道士倏然高舉著沾滿鮮血的毛筆，瞄準著龍睛，一筆點將過去，隆重的「開光點睛」儀式便算大功告成。（這一項習俗源自南北朝畫家張僧繇「畫龍點睛」的故事。據說，張僧繇在金陵安樂寺牆上，畫了四條栩栩如生的巨龍，却不點上眼睛，他說龍若點上眼睛，就會飛走。當時在場之人，都視為無稽之談。可是，當他點上其中一條龍的眼睛後，果然雷電交加，那條巨龍立即破壁而去，衆人無不嘖嘖稱奇。(註九)，演變到今天，所有的龍（含競渡的龍舟在內)，都要舉行這一項別開生面的「開光點睛」儀式。然在此一儀式舉行之前，必須先行「放兵」(意即佈署「東、西、南、北、中」五營兵力，以防「外力」干擾)。因民間相信天罡、地煞等為天兵天將，或稱神軍神兵，統由所祭祀的主神調動指揮，這類神軍分東營、西營、南營、北營與中營等神將，各營均有元帥或將軍，中營元帥由哪吒擔任。傳說五營元帥分別是，東營張公、西營劉公、南營蕭公、北營連公、中營李公。中營神將是中壇元帥（俗稱李哪吒、太子爺)。(註十)

儀式甫告一段落，便由乩童在前開導，然後依次是龍水、神龍、彩旗、五色旗，並燃放爆竹（鞭炮的鳴放，應在神龍後方，以免驚嚇到

●紙糊神龍。

神龍，而且此舉也將有神龍趕回宗祠內及慶功之意，神輿、樂隊、武士們則殿後，一路直追至宗祠（或寺廟），途中連喘息機會都沒有。

抵達宗祠（或寺廟）後，神龍照例應行「纏龍」：面向宗祠（或寺廟）大門，採順時針方式繞行一圈，然後恭置於宗祠（或宗廟）正後方（龍頭面向宗祠後面牆壁），象徵騰雲駕霧、翻雲覆雨的「龍水」則擺放於神龍兩側，並適時舉行「拜龍」及「拜樑」儀式，由家家戶戶出具紅（湯）圓數碗予以祝禱，以示子孫將永遠吉祥團圓。儀式結束後，即開始分發「龍水」，據云喝此「龍水」，除可驅邪外，尚可延年益壽，事業有成。

或許是顧慮到宗祠（或寺廟）周遭空間的大小，因而神龍一般都以四至六節居多，舉龍之人則以四至六人居常，且為了吉利起見，各人的生肖尤應特別留意，最好都由「肖龍」之人出掌重任。若是找不到合適人選，則亦可略加變通，只要龍頭與龍尾是肖龍者即可。

又據《爾雅》所載的龍則：「角似鹿、頭似駝、眼似兎、項似蛇、腹似蜃、鱗似鯉、爪似

●神輿與五峰旗。

鷹、掌似虎、耳似牛」，據見「龍」乃是似蛇非蛇的龐然大物。因龍素被視爲萬物之尊，徵象著吉祥瑞泰，每當過年節或廟會慶典，一般均以舞龍來表喜慶，就「追龍」儀式中的「龍水」而言，意義亦爲如此吧！

在宗教儀式之中，有關血的「敕點」，是通過巫術性思考原則，賦予雞、鴨等禽類的血而具有靈威力，久之遂行某一儀禮。敕點，即是由道士唸咒，用朱筆沾滿公雞雞冠之血，點於巫術用具上，以賦予超自然靈力。它常用於道教奠安大典當中，也單獨出現於辟邪、除煞的法術裏。

血在原始宗教中出現，是與它的鮮紅色彩及關係生物的生命力有關，因此，運用犧牲的血以完成儀式，遍見於古文獻與至今猶存的宗教禮儀之中，這是源於對血的巫術信仰。此乃充分根據「象徵律」——「象徵」是敕點的主要原則，在道士作法後，此符非凡符，此劍非凡劍，而是深具靈力的符、劍，自然就具有辟邪的作用，因而多用雞血或鴨血加以敕點，來舉行奠安、開光點睛或敕點靈符之類的儀式。其實它的使用範圍極爲廣泛，意義無非在將人類對於血的神秘宗教化、巫術化，使成爲具有靈力的血之崇拜。

至於奠安儀式爲何要用雞（鴨）血來敕點呢？因爲當初在興工動土時擾動了五土龍神，如今一旦順利完工，理當安龍謝土，奠安元宮。這一儀式源出福建詔安附近區域的正一教，儀式舉行時，先在正殿以米布置成龍形，爲了龍神具有靈力，因而以雞冠之血來蘸取後，分別依次敕點龍的頭、眼、鼻、耳、口、鬚、頷、腹、爪及尾等，在高亢的北管樂聲中，高功口誦經文，以筆蘸血，再由道衆幫忙一一敕點，成爲頗具儀式性的表演，莊嚴而有趣。

雞是敕點時最常使用的禽類，自是因爲農業社會時，「金雞一聲天下白」，喔喔的啼聲驅退了黑暗，帶來了光明，把這種古人的經驗，象徵化之後，雞在民俗信仰中就被賦予靈力了。大陸出土的文物中，就有座朔山桃樹上的金雞造型，與桃樹、神荼、鬱壘都是辟邪的事物。陰陽五行思想興起，雞與陽氣、東方的配合，更被賦予超於平常禽類的巫術、法術性。

龍體經由雞血的勅點後，成爲靈威土龍、安尊聖域，因而不爲五方煞神所侵犯。這一種安龍謝土的儀式，除了表現出宗教、巫術在人爲力量之外，並有一種護佑人心的心理功能，是極具建設性的法術。（註十一）

目前民間所施行的勅點雞、鴨血，是國人所保存的古巫之遺法。有些功力較爲深厚的道士，在經過作法後，於「插柳枝」時，以自己的舌血塗於黃紙之上，作爲畫符之用。舌頭割破後，用符紙一擦，竟如同沒事一般。類此人血的法術更高度發揮血的神聖性與神秘性，也因此血在法術中具有民俗療法的意義，血的信仰可產生不可思議的宗教、法術能力，亦爲它至今猶能存在民間社會的主因。

至於神輿頂部的「五峰旗」（黃、青、黑、紅、白）位置的擺放，雖屬仁智互見的看法，然五者之中，以黃色爲尊，則應無疑問，據多位宿耆談及，參酌筆者愚見，仍認爲如此排列順序，似乎比較合理，事實上這種看法是不是一定最恰當，唯有請前輩們不吝指教了。茲將淺見列表於後，俾供參考。

●法師爲神龍「開光點睛」。

神輿五峰旗平面略圖

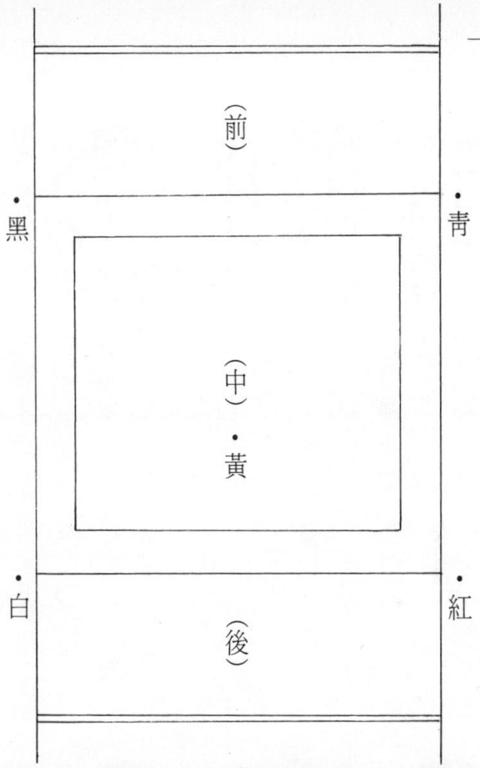

拜龍、拜樑的儀式結束後，緊跟著就是祭文昌公。(據聞：若是喜事，則拜祭的過程，應用「祝」字，而不可用「祭」字；至於喪事，才可使用「祭」字。而「奠安」這種慶典，因屬祈安慶成醮，因而「祭文昌公」，應正名為「祝文昌公」或「祝文昌帝君」，始為名正言順。)

●五峰旗的擺放，見仁見智，各有巧妙。

祝文昌帝君

「文昌」兩字本爲星名，又爲神名，亦即民間慣稱之文昌星、文星神。文昌帝君又稱梓潼、文昌帝、濟順王、英顯王、梓潼夫子、梓潼帝君、靈應帝君……等。

文昌星簡稱文星，或稱文曲星，係星宿中主文運者，如杜甫詩：「北風隨爽氣，南斗避文星。」又《東觀奏記》：「初日官奏文昌星暗，科場當有事。」由此觀之，學子應與文星有關。

有關文昌星的說法，《星經》曾載：「文昌六星如半月形，在北斗魁前，其六星各有名。」《史記》〈天官書〉亦云：「斗魁戴匡文星，曰文昌星，一曰上將，二曰次將，三曰貴相，四曰司命，五曰司中，六曰司祿。」

至於神名的說法，據《明史》〈禮志〉載：「梓潼帝君，姓張，名亞子，居蜀七曲山，仕晉戰歿，人爲立廟，唐宋屢封英顯王，道家謂梓潼掌文昌府，事及人間祿籍，元加號爲帝君，而天下學校亦有祠祀者。」

到了明朝景泰年間，景宗皇帝在北京建蓋一座文昌廟，每年二月三日，遣人舉行盛大祭典。清朝年間，更加崇奉文昌公，嘉慶六年，仁宗皇帝甚而勅令禮部，將文昌公編入祀典。

何以歷代官府要通令天下學校，建廟立祠，來奉祀文昌帝君呢？

據《恒春縣志》云：「然列於祀典，即爲聰明正道之神，習舉業求科名者，敬之宜矣。」又《彰化縣志》亦云：「蓋以世所傳帝君之書，如《陰騭文》、《感應篇》、《勸孝文》、《孝經解》諸書，皆有俾於教化，不失聖人之旨，故學者崇奉之，使日用起居皆有敬畏，非徒志科名者，祀以求福也。」

這是昔時官府「因神設教」的一個例子，清代除各府縣學皆有奉祀外，各地讀書人所立書院，也各有奉祀。平時各自定期集合，爲詩作文，互相礪砥，每逢佳節，即舉行「猜謎」、「登高」等韻事。(註十二)

《金門縣志》亦載：「二月初三日，爲文昌誕辰，舊日士子學童，多具牲酒以祭，自推行學校新制，此風俱泯。」又云：「奎閣，在後浦塗山頭，祀魁星，道光十六年（一八三七年），監生林斐章捐銀千圓創建。一九五五年重修。

一九六三年，旅菲鄉僑林克凱等捐資又重修一次。魁星爲科舉時代士人之崇拜對象，以七月七日祭。」（註十三）

此爲文昌公載之典籍的證據，同時民間亦有：「右文昌、左土地」的俗諺。金門地區除了「奎閣」外，並無專門祀奉文昌星君之廟宇，但將之配祀於廟宇及宗祠者，則屢見不鮮。故而奠安過程中，祝拜文昌亦爲不可或缺之儀式，此乃冀望後世子孫皆能飽讀詩書，甚而爵秩顯赫，造福鄉梓，服務社會。

敬文昌帝君獻禮

一、獻禮開始，鳴鼓三通，奏大樂，鳴炮，奏細樂。

二、主獻官就位。陪獻長老就位。

三、盥洗。

四、上香，再上香，三上香。跪。晉酌、酌酒、獻酒，再晉酌、再酌酒、再獻酒，晉牲儀，獻牲儀，俯伏。

五、樂止，讀祝官就位，恭讀祝文。讀畢。

六、樂升。拜，再拜，三拜。晉金帛，獻金帛。亭。

七、禮畢。奏大樂，鳴炮。

祝

文昌帝君祝文

維

年歲次　月　日弟子　等謹以牲醴，菓品、

金帛之儀昭

告於

梓潼帝君之神位前曰：惟神宿次，北極星呈，

威靈顯爍，氣象文明，文章司命，爵祿持衡。

憑依如在，享祀敬誠。欣逢安典，奏樂獻牲，

惟祈來格，永仗神英。神明長在，靈氣盈庭。

鳳池競步，雁塔題名。斯文佑我，祖武支繩。

胄裔昌盛，發甲連丁

伏維

尚饗

祝福德正神

「福德正神」，俗稱土地公。關於土地公，流傳於民間的傳說甚多，茲摘要列出兩種較通俗說法：

㈠土地公原爲周朝一位收稅官，名叫張福德，爲人公正，體恤百姓之困苦，做了許多善

舉。退休死後，接任的稅官，上下交征，無所不欲，民不堪命。這時，人民想到張福德為政之好處，念念不忘，終於建廟祭祀，取其名而尊為福德正神。

㈡土地公生前為一義僕，係南天門人，姓名不詳。某年匪亂，他曾背其主人逃難。因時值嚴冬，他脫其衣服給主人穿，自己却凍死了。天帝獎他，封為土地公。（註十四）

敬福德正神獻禮

一、獻禮開始，鳴鼓三通，奏大樂，鳴炮。奏細樂。
二、主獻官就位，陪獻長老就位。
三、盥洗。
四、上香、再上香、三上香。跪。晉酌、酌酒、獻酒，再晉酌、再酌酒、再獻酒，三晉酌、三酌酒、三獻酒，晉牲儀，獻牲儀，俯伏。
五、樂止。讀祝官就位。恭讀祝文。讀畢。
六、樂升。拜、再拜、三拜。晉金帛、獻金帛。亭。
七、禮畢。奏大樂。鳴炮。

祝

●法師唸經文時，地方長老（老大）跪地祈福。

福德神君祝文

維

年歲次　月　日弟子　等謹以牲醴菓品金帛之儀，昭告我福德神君之神位前曰：惟神司土，八柱高極，惟神之尊，號曰福德。先祖祠宇，蒙　庥自獲。鍾靈毓秀，獻瑞發赫。值茲奠慶，既潔粢盛。佈牲獻酒，禮儀不忒。俯鑒丹誠，惟神正直，祐我後裔，子孫千億。在左在右，趨蹌有恪。祀典昭祝，神其享格。

伏維

尚饗

(八)排粿粽

在這數十年難得一見的「奠安」慶典當中，粿、粽也是不可或缺的供品。其中尤以發粿爲主體，周圍再擺上紅圓、粽子等，不一而足。「發粿」乃取其發財之意，係用煮爛的蕃薯搗碎後，滲些麵粉、砂糖和酵素，放置半天，待麵糰發（膨脹）了之後，分裝於大大小小的飯碗茶杯等器皿蒸熟。比較講究的，甚至整箇擺在蒸籠上蒸。蒸好的發粿，狀如一朵盛放的花

●「排粿粽」以發粿為主體。

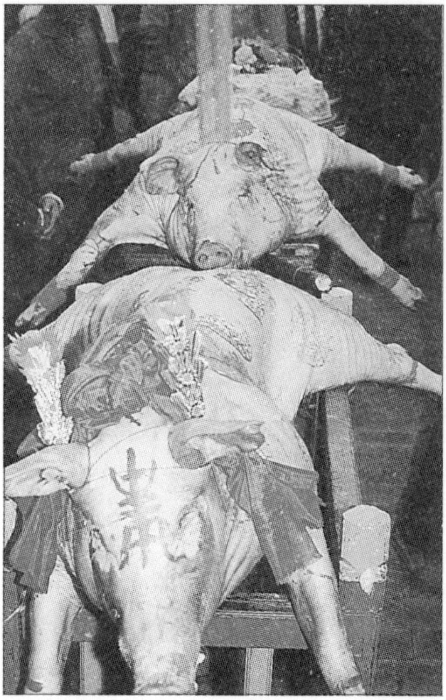

●民間祭拜者，較少深究祭品代表的意義。

朵，其上再灑些紅色米粒，更洋溢著濃郁的喜氣。發粿在金門地區不論是婚喪喜慶，都少不了它，其重要性可見一斑。晚近因社會型態的改變，人手的不足，時間的不允許，許多人爲圖省時、省事，乾脆花錢買蛋糕充數，倒也不失爲一權宜之計，只是這樣做的結果，缺少了一份思古的幽情，誠爲美中不足之處，畢竟這是一項莊嚴而隆重的古禮啊！

(九)掛燈

在閩南語當中，「燈」與「丁」同音，此乃象徵「添丁進財」之意。在農業社會之中，多子多孫的觀念一直是根深蒂固的。因而「添丁」一直是大家引頸企盼的佳音。爲期子孫綿延，香煙萬代，燈火的懸掛，自是重要科儀。以往皆採用四角長型玻璃燈，底座盛以花生油，穿上燈芯後，引火點燃，四周圍以玻璃，只剩上端一圓形小孔透氣，故不易熄滅。然如今因方形玻璃燈製作不易，再加上物美價廉的塑膠圓燈不斷推陳出新，頗有逐漸取而代之的趨勢。照說宗祠及寺廟奠安都應採用方形燈才是，然目前有的寺廟已改用圓形燈。尤其在這科技一日千里的時候，爲求方便起見，原有的燈芯已大部分改爲燈泡處理，儀式行進中，但見兩側廊簷之上一片燈海，蔚爲奇觀。

●掛角燈。

●以湯圓祭拜樑神。

㈩敬樑

敬樑儀式一般都是緊接在「拜龍」之後。兩者雖有前後之分，儀式則大同小異，但見家家戶戶都以籮筐盛來湯圓數碗，擺滿宗祠前面兩側廣場上，煞是好看。(在道教的儀式之中，屋樑既經「點樑」，則屋樑已有樑神存在，為了慶賀新屋落成，更為了趨吉避凶，自然得大肆拜祝一番。)

⑪點主

在奠安大典當中，「點主」仍是一項重頭戲。若要探討此一儀式，首先必須追本溯源，從「進主」說起。

不論是修葺過的，或是甫落成的宗祠，「進主」(進祖先之神主牌位)於祖龕之中，不但是重要的科儀，而且是慶典當中經費主要來源之一。進主時必須以一圓形木斗(因需求量大，故而大都臨時用鐵皮焊製，狀同大型罐頭之簡陋樸素者居多，精緻而豪華，古色古香之木雕者少。)將神主牌位恭置於斗中，雙手小心翼翼地捧於胸前。耀眼的「金花」在陽光下綻出了璀璨的光芒，在鼓樂聲中，大隊人馬浩浩蕩蕩越過田疇、繞過村舍，迎往宗祠，並循序跨過「淨爐」，在一陣喊「發啊！」聲浪中，榮登祖龕。

宗祠有大小之分，祖龕因之而有巨細之別。若以湖峰楊氏宗祠為例，祖龕約可容納兩百座神主牌位。儀式開始後，所有神主皆依輩分序立排列，並於其上各插金花一對，準備入龕。（祖龕內的神主排列亦有其固定順序——由尊而卑。開基始祖須從最後一排中間排起，然後依次由右而左，由後而前。）

進祖在昔日的農業社會當中，乃爲一無上榮寵，而且是千載難逢良機，因而有人生前就予以「晉祿位」——即事先預刻神主牌位，並用紅布包裹其外，然後再插以金花。如此不同的包裝，明眼人一見便能瞭如指掌。

待一切準備就緒後，點主大典就依古禮正式進行了。這一項儀式較隆重者，皆區分爲前後兩次，其一是由主事的長老（或道士）主持；另一次則禮聘地方父母官爲點主官。儀式由各房長老將神主雙手捧於胸前跪地恭請點主官點主，點妥後宜將這枝硃砂筆妥爲收藏。另外，此一儀式，亦有以手將神主背於後面，由主其事者以硃筆勅點，點妥後，立即將硃筆甩開。然此一做法，許多人皆持保留態度。因爲奠安是一種喜事，理應和喪葬點主時將硃筆丟棄的作法有所區別才是。

●「祖龕」前的神主牌。

●長老手捧神主牌，跪地恭請點主官點主。

宗祠奠安慶典（點主）儀式

一、祀典開始。

二、奏大樂、鳴炮。

三、奏細樂。

四、長老序立。

五、恭請點主官就位。

●神龕內的神主。

六、上香。

七、請主奉主，詣香案前，跪。

八、晉硃筆。

九、點主。

讚詞

上雲一團團，瑞氣一環環，

點天天開光，點地地開盤。
點日日光明，點月月團圓，點主主神安，點背後，丁財盛富貴全。發啊！
十、奉主入龕安位。
十一、行獻禮，一鞠躬，再鞠躬，三鞠躬。
十二、進主者向點主官及長老行一鞠躬禮。
十三、奏大樂、鳴炮。
十四、禮成。

宗祠奠安慶典（獻匾祀典）儀式

一、祀典開始。
二、奏大樂，鳴炮。
三、奏細樂。
四、恭請主獻官就位。
五、陪獻官就位，陪獻長老就位，與獻者就位。
六、上香、再上香、三上香。
七、獻匾。
八、獻爵，再獻爵，三獻爵。
九、獻饌（雞），再獻饌（肉），三獻饌（魚）
十、獻鮮花，獻菓品，獻香茗。
十一、樂止。
十二、讀祝官請就位，宣讀祝文。
十三、行獻禮，一鞠躬、再鞠躬、三鞠躬。
十四、奏大樂，鳴炮。
十五、禮成。

㈡祭朱衣、金甲

據父老們指稱，此一科儀乃在祭祀朱子及武將。《滄語瑣錄》曾云：「朱子主邑簿，採風島上，以禮導民，語即被化，因立書院於燕南山，自後家絃戶誦，優游正義，涵詠聖經，則風俗丕變也」。由於朱子曾過化金門，因而文事大興，一榜同登五進士；武功之盛，九里並出三提督。此一科儀，蓋取其「出將入相」之意，祈求子孫萬代，皆能飛黃騰達，事業成功。然亦有持不同意見者，認爲這是送「朱衣」、進「金甲」，取其吉祥之意。「朱衣」與「金甲」皆指天神而言。

㈢祭典

在敬天法祖的傳統社會裏，祭祀一直扮演著重要的角色。民間對於祭什麼神，用什麼祭品，也約定俗成，自然累積出一套規矩禮數。香、酒、金紙、祭品，都是祭祀當中不可或缺之物；逢到年節、神誕等重要場合，又以「牲禮」顯其隆重。

據人類學家李亦園先生文中指出，祭祀時用不同的祭品是有相當深的含意，表達出祭祀者對不同神靈「親疏遠近」的關係與情感。民俗儀式雖然繁複，但從來辨識神祇親疏遠近，有兩項基本原則——「全部」與「部分」，「生」與「熟」。民間一般用「全」來代表最高的崇敬與最隆重的行動，而肉塊切得愈小，尊敬的程度隨之降低；此外，又用「生」來表示關係的疏遠，用「熟」來表示熟稔。

比方說，拜天公一定要殺豬公（目前小金門在男子滿十六歲時，仍保有殺豬拜天公的傳統習俗，即是一例。），且殺的豬公一定要整隻敬供，表達最高的敬意；同時以未經烹煮的生食敬奉不食人間煙火的天神，也反應了「天高皇帝遠」的遙遠關係。

祭祀一般神明像媽祖、土地公、王爺等等，祭品可用五牲（豬頭、兔、鴨、雞、羊）或代以魚、蝦，然若認眞考究，則魚蝦乃水產而非牲類，唯一般民間祭拜者並未曾仔細去推敲，只以便宜行事，或略作三牲（豬肉一塊、雞、鴨各一）。但不是三牲或五牲，大都不完整；特別是獸肉，都是一大塊，即使是雞和魚，也不一定全隻上供。這些不全的供品，在祭供之前一定會先加烹煮，表示對天公以下，各種經常直接控制人間禍福的神祇較次一等的尊敬，且比較天公更爲親切的關係。

至於平時供奉祖先的祭品，則與家常菜餚無多大差別。魚肉大多切成可以食用的小塊，不但煮熟了，有時還加以調味。祖先原是自家人，煮些他們生前喜愛的家常菜，在懷念敬意中，還帶有親暱的感情。

根據《周禮》的記載，中國人很早就用牛、羊、豬、犬等牲畜爲祭品，它們多脂肪、多肉、取得容易，又是四季皆有的動物，人們視爲飲食美味，也就將之敬奉天地神明，藉以祈求風調雨順、國泰民安。

對於牲禮的選擇，《禮記》〈禮器篇〉說的更詳細——凡是天時所不生，地上所不長，君子不用之以爲禮。因爲那也不是鬼神所想要享用的。例如居高山的人用山上所不生長的魚鼈爲祭品，或是住水濱的人用水濱所不生長的鹿或野豬爲祭品，就不合時宜。此外，規定祭祀不用懷身孕的母牛，也顯示了祭祀者的好生之德。

在古代，牲禮的選用，依奉祀者的身分地位決定，禮數嚴格，過與不及都算失禮。天子用太牢（牛、羊、豕），諸侯用少牢（羊、豕）；大夫與士，有田的用小羊或小豬，沒田的行薦禮，薦禮的供品是黍麥魚雁之類的四季時鮮（註十五）。

在奠安大典當中，祭祖儀式更形隆重。依其規模之大小，可區分爲「大三獻」與「小三獻」二類。祭品則又依其數量之多寡而可區分爲「大滿漢全席」與「小滿漢全席」二種。據父老們指稱，「大滿漢全席」不但祭品數量龐大，而且籌備不易，除了要經驗豐富的大廚師外，尚須輔以糊紙業者、木匠等師傅群策群力，始克共襄盛舉。目前在金門地區已因種種客觀條件所限，而難窺其堂奧，民俗技藝的式微，怎不令人扼腕？

至於「小滿漢全席」則屢見不鮮。幾乎只要是奠安慶典，尤其是三朝醮的「大三獻」，就一定會有一桌桌琳琅滿目、令人眼花撩亂的祭品——「小滿漢全席」。放眼望去，但見長條供桌兩側各插一枝「滿旗」及一枝「漢旗」，其中則羅列著各式各樣的鮮花、水果、糕餅、罐頭等經過美化的祭品。這些祭品，都有其一定的規格，小滿漢全席要具備有「五湖四海」的祭品。根據《重增繪圖幼學故事瓊林》〈地輿篇〉記載：「饒州之鄱陽，岳州之青草，潤州之丹陽，鄂州之洞庭，蘇州之太湖，此爲天下之五湖。」四海則是指兄弟。至於金門地區的「五湖四海」，根據父老們的看法則有不同解釋。蓋金門四面環海。昔日島上據說有五座湖，赤碇湖（官澳村前方）、西村湖、東店湖、古崗湖、雙美湖。前二者已因滄海桑田而成爲田疇。而祭品中的五湖實際上是五種不同人物造型，有的用揑麵人，有的用公雞巧扮成劇中人物，並依前、後、左、右、中五個不同方位排列，並於其間四個空隙擺上四種不同的海產品，如魚、蝦、蟹、

●「小滿漢全席」的供品屢見不鮮。

貝等「四湖」。除此之外，還要有八大碗、八小碗人物造型食品及十二碗菜碗、四十八小盤瓜果（例如煙、茶、四果等）。若是室內空間夠大，這些林林總總祭品大約須要七張「八仙桌」才能排得妥當，若是空間狹小，則勉強擠一擠也可充數。

另外如想求得十全十美，讓神明滿意，除了整隻豬、羊外，還得奉獻四時水果，因水果有季節性，缺少的只好用糯米、麵糰捏製替代。再如糯米龜、紅龜粿、發粿、糖塔等，原常見於民間祭神場面，目前由於飲食衛生習慣改變，這些富於民俗文化特色的祭品已漸式微，改以罐頭取代情形愈來愈多。

然而只要有信仰習俗存在，祭品仍是需要的，它彷彿是人、神溝通的媒介，是由俗入聖的保證。雞鴨牛羊，本爲人類畜養食用，選其美者，敬天祭祖，確有其必要性。孔子的得意門生子貢，就曾對祭典中的牲羊提出疑問。老夫子的回答是：「賜啊！你憐惜的是那隻羊，在我看來，該珍惜的，乃是其中的禮數啊！」孔子此語，眞是一語中的啊！（註十六）

祭祖祀典儀式（三大獻）奠安

通：祭祖祀禮開始。（通，司禮官）

鳴鼓三通。

奏大樂。

鳴炮。

奏細樂。

引導官就位。贊禮官就位。

佐理官就位。讀祝官就位。

陪祭長老就位。主祭官就位。

通：盥洗。

引：詣盥洗所。（引，引導官，立於東位）

贊：盥洗畢。（贊，贊禮官，立於西位）

通：省牲。

引：詣省牲所。

贊：省牲畢。

通：視饌。

引：詣視饌所。

贊：視饌畢。

通：詣香案前行初獻禮（引贊仝唱）。

通：焚香、上香。

通：晉爵、酌酒、面東祭酒。

引：詣祭酒所。

贊：祭酒畢。

通：焚香、上香。跪、晉爵、酌酒、獻酒。拜、再拜、三拜、興（起立）。

通：詣祖考妣神位前行初獻禮（引贊仝唱）。

通：焚香、上香、跪、晉爵、酌酒、再酹酒、再酌酒，再酹酒、三酌酒、三酹酒、酌酒、獻酒。晉鮮花、獻鮮花。

贊：蘭桂騰芳。（引贊仝唱）。

通：晉香茗、獻香茗。

贊：一品清香。（引贊仝唱）。

通：晉毛血、獻毛血。

贊：麒麟獻瑞。（引贊仝唱）。

通：晉饌（雞）、獻饌、叩首、再叩首、三叩首、四叩首。興。

贊：初獻禮畢。

通：詣香案前行亞獻禮（引贊仝唱）。

通：焚香、上香、跪、晉爵、酌酒、獻禮、拜、再拜、三拜、興。

通：詣祖考妣神位前行亞獻禮（引贊仝唱）。

通：焚香、上香、跪、晉爵、酌酒、酹酒、再酌酒、再酹酒、三酌酒、三酹酒、酌酒、獻酒。

通：晉牲儀、獻牲儀。

贊：五世其昌（引贊仝唱）。

通：晉發糕、獻發糕。

贊：長發其祥（引贊仝唱）。

通：晉角黍、獻角黍。

贊：集米成珠（引贊仝唱）。

通：晉饌（肉）、獻饌、叩首、再叩首、三叩首、四叩首、興。

贊：亞獻禮畢。

通：詣香案前行終獻禮（引贊仝唱）。

通：焚香、上香、跪、晉爵、酌酒、獻酒、晉金帛、獻金帛、拜、再拜、三拜、興。

通：詣祖考妣神位前行終獻禮（引贊仝唱）。

通：焚香、上香、跪、晉爵、酌酒、酹酒、酌酒、再酹酒、三酌酒、三酹酒、酌酒、獻酒。

通：晉紅圓、獻紅圓。

贊：丁菓團圓。（引贊仝唱）。

通：晉紅燈、獻紅燈。

●隆重的祭祖大典（大三獻）—晉饌。

贊：添丁進財。(引贊仝唱)。

通：晉饌（魚）、獻饌。晉羹飯、獻羹飯。

通：晉金帛、獻金帛。

贊：金玉滿堂。(引贊仝唱)。

通：讀祝官請就位，跪、俯伏，止樂、宣讀祝文。

通：讀畢。樂升、平身、飲福酒、受胙。叩首、再叩首、三叩首、四叩首，興。

贊：終獻禮畢。

通：奏大樂，鳴炮，焚祝化帛。

通：衆子孫皆拜。

通：禮成。

宗祠奠安慶典（儀式）小三獻

通：祀典開始，鳴鼓三通，奏大樂，鳴炮，奏細樂，陪祭長老就位，主祭官就位。

通：盥洗。省牲、視饌。

通：詣祖考妣神位前行初獻禮。

通：焚香、上香，晉爵，酌酒，面東祭酒。

通：焚香，上香，跪，晉爵，酌酒，酙酒，再酌酒，再酙酒，三酌酒，三酙酒，酌酒，獻酒。晉鮮花、獻鮮花。晉香茗、獻香茗。晉毛血，獻毛血。晉饌（雞）、獻饌，叩首、再叩首、三叩首、四叩首。興，初獻禮畢。

通：祖考妣神位前行亞獻禮。

通：焚香，上香，跪，晉爵，酌酒，酙酒，再酌酒，再酙酒，三酌酒，三酙酒、酌酒、獻酒。晉牲儀，獻牲儀。晉發糕，獻發糕。晉角黍，獻角黍。晉饌（肉），獻饌，叩首、再叩首、三叩首、四叩首，興，亞獻禮畢。

通：祖考妣神位首行終獻禮。

通：焚香、上香，跪，晉爵，酌酒、酙酒，再酌酒、再酙酒，三酌酒、三酙酒，酌酒、獻酒。晉紅圓、獻紅圓。晉紅燈、獻紅燈。晉饌（魚），獻饌。晉羹飯、獻羹飯。晉金帛、獻金帛。

通：讀祝官請就位，跪，俯伏，止樂，宣讀祝文。

通：讀畢、樂升、平身，飲福酒，受胙，叩首、再叩首、三叩首、四叩首，興。終獻禮畢。

通：奏大樂，鳴炮，焚祝化帛。衆子孫皆拜。禮成。

(十四)歡宴

迎神賽會，在往昔農業社會時代，是日常生活裏的一樁盛事。每逢此盛會，各寺廟裏的大小神像一齊出動，遊行的行列往往長達數里，蔚成奇觀；而隊伍所至之處，當地民衆常在路旁擺上香案和供品虔誠地膜拜。在盛大的祭典之外，更演戲酬神，並且大宴親朋，這也就是民間俗稱的「大拜拜」。

金門乃孤懸海外之荒島，到處飛砂走石。自唐牧馬侯陳淵渡海開闢，篳路藍褸以啓山林，可謂艱苦備嘗。先民們對於自然界人力所不可抗拒的災禍，往往寄託於神祇的庇祐。因此，每逢年、節或神明聖誕的時候，總是舉行大規模的祭典，一方面感恩於神明所施的德澤和福祉，另方面也祈求來年能夠風調雨順、國泰民安；尤其遇到瘟疫、蟲害或其他天災時，更會請神巡境或繞境，藉諸神威掃除妖氛。迎神賽會活動，就在這種情況下沿襲下來的。

奠安大典當中，尤其是宗祠奠安，熱鬧程度更是盛況空前，不但有姻親（俗稱「外家」）前來道賀，更有宗親前來共襄盛舉。慶典開始時，整個村鎮家家戶戶張燈結綵，殺豬宰羊，廣設酒宴，敬邀親友赴宴。一時間各方食客、遊人以及趕集的攤販，潮水般蜂湧而至，喧天的鑼鼓聲、鞭炮聲和鼎沸的人聲直衝雲霄，村頭巷尾，萬頭鑽動，把平素寧靜的大地，點綴得熱鬧而多采多姿。

在過去農業社會時代，人們過著「日出而作，日沒而息」規律而單調的生活，日常中很難得有什麼調劑和娛樂，往往將迎神賽會視爲年度中最重要的活動項目。今天，雖然社會型態已經改變，民衆知識水準提高，但是這種迎神賽會活動，並沒有因爲時代巨輪的輾軋而遭淘汰，相對的，卻可藉此而發思古之幽情。若從民俗維護的立場來看，它實在是一項很有意義之活動。

(十五)演戲

民間戲曲表演都與地方和私人的祭神活動有關，演出的地點多在廟前，一方面寺廟經常是一個聚落的中心，一方面在此演出含有娛神的

●金門麗英歌劇團於一九六九年公演，扮「福、祿、壽」三仙會。

意義。即使廟前沒有空地，也得在附近選擇一塊適當地點，遙對著神祇。就是私人性質的喜慶演戲，也會先在空地上搭了帳篷，帳篷裏的桌上端坐著列位諸神，戲台就在神祇的眼前。可說是基於「昔日祈求天官賜福，今朝賽願地道生財」的心理，其性質就與地方民衆大規模的祈安建醮，或小規模的以牲禮祭神一樣，都是祈求神祇保佑的現世觀。演出時除了扮仙酬神之外，並以放鞭炮、燒紙錢來增強儀式的功能。

一般野台戲演出的時間，日戲通常在下午三點到五點半，夜戲在七點半到十點半之間。每台戲正式演出之前，一定要先「鬧台」，以增加其音響效果，增強其熱鬧氣氛，將原本嘈雜而且冷清的場面，帶入最高潮。「鬧台」結束後，必須扮仙酬神。「扮仙」的種類很多，繁簡不一，而「扮仙」的意義則是爲了在王爺聖誕之日向神祇賀壽。在歌仔戲之中，一般都是扮「福、祿、壽」——〈三仙會〉或〈蟠桃會〉。而在「南管」之中，則扮演〈醉八仙〉，這三齣戲皆描述神仙向瑤池金母祝壽的故事，其中〈三仙會〉和〈醉八仙〉兩齣以口白和嗩吶吹奏爲主，唱腔部份已被省略，〈蟠桃會〉則以唱腔爲主。此外，尚有〈跳加冠〉（取其「加冠晉祿」之意，同時答謝觀衆所給予的賞錢）。以及一生一旦表演的〈金榜〉、〈團圓〉，合稱「三齣套」。在正戲演出前後，用武場「鬧台」或「鬧虎」，有些戲班在日戲完後，再重複演出〈金榜〉、〈團圓〉。總之，不論正戲所演的是喜劇或是悲劇，爲了討個吉利，尤其是在王爺千秋之日，或是奠安、開啓廟門等重大慶典中，尤爲必要。一定要在結束前加演一齣〈團圓〉，或是〈金榜〉。若是在「奠安」的儀式之中，更要加演一齣〈送孩兒〉，以示子孫枝繁葉茂、桃李滿枝、綿遠澤長。

「扮仙」除了具有酬神的意義之外，一般戲班也常藉此機會亮出他們班底的陣容。所以在「扮仙」時，演員也多穿著最新、最艷的戲服出場。

㈩㈥犒軍

「法奏」、「請神」儀式開始以後，神祇可能隨時下降，故而必須保持祭場潔淨，避免讓凶神惡煞擾及神聖。在這一大前提之下，只好招請大批神兵前來駐屯，因神兵神將員額衆多，乃應經常饗饌犒勞——向道場外，對警衛祭場之神界兵馬，犒勞三軍，謂之「犒軍」。由各家戶敬備素齋、菜飯，麕集宗祠（或寺廟）前廣場，陳列供饌，或有僅在自宅門前，備供桌者，均呈熱鬧氣氛。若是一般住家奠安，則在「犒軍」這一項儀式之中，憑一己之力實不足以勝任，此時，主人必須分發金錢委託左鄰右舍代爲效勞，但在人情味濃郁的金門地區，碰上這種奠安大典，一般都會義務前來共襄盛舉，隆情厚誼，確是十分感人。

㈦晚朝

奠安大典當中，由法師主壇和道士主壇的，儀式上略有不同。譬如追龍儀式的神龍開光前「放兵」，法師打赤脚，道士則穿鞋子，且儀式的繁簡亦有重大差異。「晚朝」這一科儀，兩者間亦有不同之處。據一位不願透露姓名的法師說：法師主壇的晚朝乃拜斗（南斗、北斗）；道士主壇則是進三清宮（上清、玉清、太清）。儘管兩者在科儀上略有不同，然其祈求平安之旨則一也。

晚朝拜斗部分經文：

大聖北斗七元君　能解三災厄。
大聖北斗七元君　能解四煞厄。
大聖北斗七元君　能解五行厄。
大聖北斗七元君　能解六害厄。
大聖北斗七元君　能解七傷厄。
大聖北斗七元君　能解八難厄。
大聖北斗七元君　能解九星厄。
大聖北斗七元君　能解夫妻厄。
大聖北斗七元君　能解男女厄。
大聖北斗七元君　能解產生厄。
大聖北斗七元君　能解復連厄。
大聖北斗七元君　能解疫癘厄。
大聖北斗七元君　能解疾病厄。

●地方長老（老大）「進表」時的莊重神情。

二、第二天儀式：進表，迎宗、姻親……

(一)進表

進表為消災度厄，事前，由道士或法師將奠安有關事宜，書之於奏疏之上。並且在宗祠（或寺廟）前搭壇（三朝醮不但要搭壇，而且須兩尊紙糊「表官」。蓋三朝醮須二度進表之故也。然一二朝醮則只須一尊「表官」，且不須搭壇。然一般為權宜計，亦有以戲台臨時充數而未另行設壇者。），儀式行進時，由道士（或法師）前導，宗族長老隨香在後，相約登壇焚香禱祝，祈求國泰民安，四境無事。儀式告一段落後，為取潔淨之意，道士離壇前，必須頭上打黑傘、足蹬木屐，意謂「上不見天，下不著地」也。

(二)排粿粽

同第一天儀式，略。

(三)迎接姻親

●龐大的迎接姻親隊伍。

整個宗祠奠安大典當中，迎接姻親及宗親是高潮中的高潮。然姻親乃是經由婚姻而建立的親戚關係，故而禮貌上應先行招待他們。而對姻親來說，這一天是特地打從遠方趕來祭拜「遠姑祖」的，因而賓客之間，皆以十分隆重的心情全神投入此一慶典。這一天，但見村莊入口處擠滿了人潮，恭候「外家」人馬的大駕光臨，不多時，喧天的鑼鼓聲自遠而近，緊接著映入眼簾的是車隊人潮，耳際傳來的是陣陣鑼鼓聲，此起彼落，雙方人馬一經照面，便熱情洋溢著握手寒暄話家常，這一幕幕動人的畫面，除了慎終追遠的意義外，尚有聯絡感情的功能，因此每屆宗祠奠安大典，主客雙方人馬均有若潮水般蜂湧而至，喧天的鑼鼓聲、鞭炮聲和鼎沸的人聲直沖雲霄，把平素寧靜的大地，點綴得熱鬧而喧噪。

豬羊爲前導的牲儀及一槛一槛的祭品、糕、粽、人群、獅隊、樂隊，一大票人馬，浩浩蕩蕩向宗祠出發，沿途吹吹打打，震耳欲聾的「大鼓吹」更是響徹雲霄，把奠安大典帶入了最高潮。

姻親祭拜「遠姑祖」的祭儀，從「獻匾」開始，一切儀式都依古禮進行。爲善盡地主之誼，拜祭過程主人應在旁陪拜。（右尊左卑，姻親在右邊供桌前祭拜，主人則在左邊祭桌前陪祭。）儀式結束後，當然免不了要殷勤招待一番。然後在一片依依不捨聲中話再見，互道珍重。

宗祠奠安邀請姻親帖（十二版帖）

端　肅

敝姓〇世祖考〇〇公祖妣〇孺人系出
貴族名門，恭儉仁慈，螽斯衍慶，繁衍成族，
爲慎終追遠，孝思報本，籌建家廟安奉祖先，
於茲祠宇落成。謹訂於中華民國〇〇年國　農
曆〇月〇日舉行奠安大典，敬備菲酌。

恭請
尊姻親大駕
以增光寵
潔觴奉迓
伏冀聯袂
光臨敝祠
鴻海曷勝
榮幸之至

右啓

上

〇氏尊姻親

忝姻〇〇〇〇氏家廟奠安慶典籌備委員會鞠躬

中華民國〇〇國農曆〇〇月〇〇日

（此乃金門地區古老之〈十二版帖〉。柬帖外觀摺疊成十二摺，因而得名。至於傳說中的〈二十四版帖〉，究竟是否即爲此帖正反兩面總和的說法，就不得而知。此帖由蔡金皮先生提供。）

㈣祭典

同第一天儀式，略。

●道壇中演奏的樂師。

㈤演戲

同第一天儀式，略。

㈥歡宴

同第一天儀式，略。

㈦敬宅主

「敬宅主」即指敬宅神、地基主而言，所有善男信女，在長老一聲令下，大家不約而同，挑著各式各樣供品前來，跪地虔誠膜拜，祈求合家平安。科儀與「犒軍」大同小異，只是對象不同而已。

㈧捲簾拜闕

「捲簾拜闕」乃道教《經書》中的一個單元，而且必須三朝醮才有。儀式可區分為二。首先由道士先請「南方火」經過「分金」後，再行「捲簾拜闕」。儀式在緊鑼密鼓中，由道士每人各舉一支用「金紙」捲成的火把，旁邊再用一擺滿「金扣」的米篩，點燃金扣後立即用力篩

●敬榜脚、地基主、后土。

動，同時拉動繩子，竹簾上立即出現一個「朔」字。

三、第三天儀式：請六秀，安磚契……

㈠進表

同第二天儀式，略。

㈡送天公

象徵天公的「天公亭」，在儀式告一段落後，必須在隆重的樂聲中及龐大隊伍呵護下，迎往特定地點予以焚化。此時儀式看來雖然近似尾聲，但高潮迭起，眞是應驗了「好酒沈甕底」的俗諺。

㈢請六秀（宿）

六秀（宿）：意指東方（甲乙木）青龍——鄧九公；西方（庚申金）白虎——殷成秀；南方（丙丁火）朱雀——馬方；北方（壬癸水）玄武——徐坤；中央（戊己土）勾陳——雷鵬（天父）、螣蛇——張山（地母）。這六位神祇可視宗祠（或寺廟）空間之大小，而決定排在室內或室外，更可依其不同之方位（東西南北中），而作如下之排列方式：

宗祠		
玄武（北）	勾陳（中央）	白虎（西）
青龍（東）	螣蛇（中央）	朱雀（南）

㈣排粿粽

同第一天儀式，略。

㈤迎接宗親

舊律稱同宗之親屬曰宗親，一名族親。即同一祖先所出之男系血統也；如祖、父、子、孫、兄、弟、姊、妹、伯、叔等是，此所謂男系血統之宗親，無論其爲嫡子或庶子，均屬之。宗親既是同一祖宗所出，枝葉同源，休戚與共，碰上自人家舉辦這種隆重慶典，自是與有榮焉。基於此一共識，族人自當全力以赴，不論是人力、財力、物力，都該予以最大資助，畢竟這一份「血濃於水」的親情，絕不是外姓他氏所能比擬得了的。

日前金門地區後隴黃氏家廟奠安，儘管規模不算龐大，然全島「五黃」所有士紳，都連袂前往共襄盛舉，在「源遠流長」橫匾前導下，

●送天公（焚天公亭）。

一行人扶老攜幼，有的抬「豬、羊」等牲禮、有的捧「金紙」、有的提「鞭炮」，一路敲敲打打、喜氣洋洋地趕往慶賀，場面盛大，儀式溫馨感人，在隆重肅穆的「大三獻」祭典中，完成了愼終追遠的祭祖大典，並由地方鄉紳親自主持「點主」儀式，一切均按古禮進行。

●天公亭。

㈥祭典

同第一天儀式，略。

㈦演戲

同第一天儀式，略。

㈧歡宴

同第一天儀式，略。

㈨敬榜脚、地基主、后土

在道教儀式之中，只要是二朝以上的醮，不論是平安醮，或是慶成（奠安）醮，皆須張貼「榜」文，詳載做醮主事人，做醮目的及其規模，曉諭諸路神祇，「上奏天庭帝闕，下告地水攸司拈香行道啓迎，聖眞宣誦道德五千言，祈求平安兩字」。因此榜文一經貼出，四方五路神明皆聞香前來觀禮，爲了一饗前來觀禮神祇，主事者自當善盡地主之誼，擺下聖宴，予以親切招呼。家家戶戶皆挑著豐盛的菜餚，前來祝拜，一時之間，香煙繚繞，或拜榜脚、或拜地基主、或拜后土，善男信女皆以虔敬心情膜拜。

爲了一探奠安榜文眞面目，筆者專程至山外村陳氏宗祠前，抄錄由道士主壇（慶成植福）之榜文：

正一盟威經籙九天金闕諫議大夫清微文武使
李　金掛黃榜　爲今據福建省金門縣江洲與十
八都滄湖保山外鄉居住　奉道設醮慶土奠安陳
氏家廟答謝植福事族老陳候註　陳可勇　陳金
水　陳可儲　陳嘉華　陳晚發　陳連成　陳駕
環　陳昆盛　陳永安　陳嘉德　陳聰敏　陳朝
水　陳清安　陳春期　陳順正　陳烏皮　陳慶
全　陳春木　陳朝江　陳來福　陳期麟　陳詩
景　陳金土　陳水木　陳詩泉　陳詩林　陳朝
金　陳夢壁　陳大吉　陳福蔭

族衆候註十八丁、可勇六丁、金水六丁、可
儲十四丁、嘉華十六丁、晚發七丁、連成六丁、
駕環六丁、駕珠七丁、昆盛七丁、昆乾五丁、、
可安四丁、可炳三丁、可開七丁、金慶五丁、
永安五丁、嘉德九丁、聰敏六丁、朝水五丁、
清安七丁、春期廿四丁、順正十一丁、金輝三
丁、烏皮五丁、慶金九丁、瑞波十一丁、火土

四丁、天類三丁、春木十丁、春吉二丁、朝江六丁、水永四丁、天溫三丁、金培七丁、水源二丁、建靖十丁、天錐三丁、遠森二丁、德授二丁、來福九丁、志強二丁、舜文三丁、期麟五丁、詩景十一丁、金土四丁、寅章四丁、詩金三丁、清火三丁、金榜四丁、水木十丁、詩泉七丁、詩林五丁、謨其三丁、君烈三丁、耀輝四丁、朝金十丁、夢璧八丁、明範三丁、大吉五丁、福氣二丁、報國五丁、賢德四丁、水德三丁、仕福三丁、朝生四丁、朝來三丁、啓明九丁、錫祥五丁、可領廿五丁、金慶五丁、朝固八丁、章盛十一丁、壬癸四丁、嘉權五丁、信堅二丁、有望二丁、志明八丁、進化三丁、金國二丁

暨合族男女等虔誠拜干

鴻造所伸意　后土生成感　伏以　神輿之載育　茲因前年興工動土重修家廟告竣　誠恐搬泥運石觸犯方隅冒干神祠未曾安鎮答謝奉　師擇取今月十三連十四日　仗道　抵祠啓設靈寶延生慶土奠安二朝醮會植福道場吉時起鼓　關發文字底上奏土府神聽各安方位備守族中消災

●源遠流長宗族情。

散禍大降吉祥　伏願　眞符告下東西南北以安
鎭　敕令頒行左右前後而肅淨　土氣潛藏　凶
神滅跡　俾脉降福祥　臨午上供　酌酒獻花晚
朝行道廣設道場半夜暫宿梵音稍停翌日清晨禮
師進拜　后土表文　鳴揚角聲　召集神兵敕造
靈符安鎭五方以安淨　煉煮沙油祠中內外洗淨
插柳掛鏡　抛散五穀　普掃不祥　啓迎
聖眞關行法事　今則玄地初起法事合函申請
籙中帥將諸天功曹衛坛輔助速抑妖氛肅淨地界
祇迎
恩光毋或不恭上下致干威禁　須至榜者
右榜曉諭　各宜知悉
天運己巳年十一月十四日給　道心
祖師三天大法天師張　榜
神光受命　法坛外掛
普掃不祥

㈩淨油、插柳、獻五谷（穀）

儀式至此，已然接近尾聲，也可以說是尾聲當中的高潮。在道教中，過「油鼎」是一種很重要的科儀，也就是俗稱的「煮油過火」儀式，

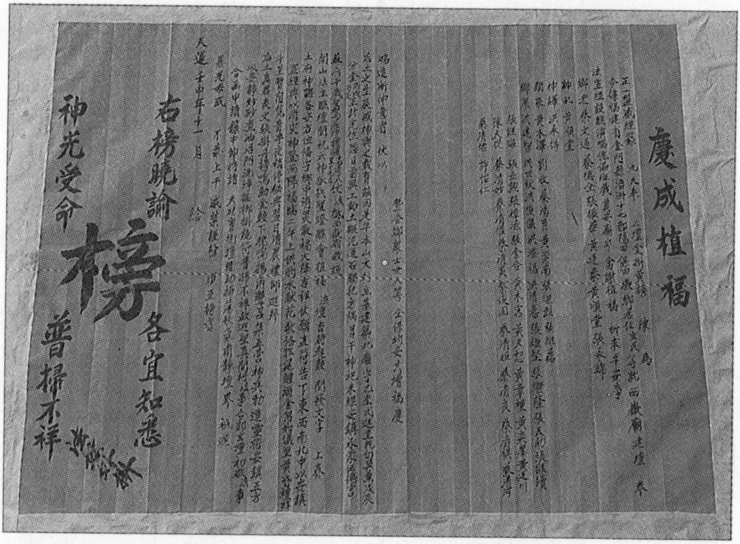

●榜文。

旨在藉火炎之靈力，辟邪去穢，淨化參與醮事衆人身體及主要器物，並保持醮場全體之潔淨，俾使諸神降臨。

所用油鼎，係直徑約四十五公分之小型有把新鼎，即民間廚房用以煮菜者，事先加裝長柄，爲安全計，把手和長柄縫中應塗以滲水泥巴，以防高溫加熱後中途脫落致生意外，並用矮小板凳一把，倒反使其四脚朝天，將鼎掛於凳脚上，待一切準備就緒後，始將鼎移到爐灶上，以木炭加高溫，直到鼎底直冒煙爲止，然後注入麻油，並且繼續加溫，使其騰沸，此時大家都摒息以待，四周一片寂然。此時道士（或法師）忙著作法，乩童則開始起乩。爲了試驗油鼎中的油是否已滾燙，但見乩童忽地往前跳，赤手空拳往油鼎中一撈，周遭之人皆捏了把冷汗，但是說也奇怪，乩童非但可以全身而退，毫髮未損，且對油鼎中的溫度直呼不滿意，指示應再度加溫，直到合乎標準才肯罷休。

儀式開始後，由一壯漢攜高粱酒一瓶，含酒於口中，向油鼎火心噴霧，熱油觸到酒精細霧，即成熊熊大火，火炎昇起約二公尺高，但霎時而滅；如此不時噴酒起火，醮壇諸人一一穿過火炎，算是已予淨化。然後由其中一人提著油鼎，巡迴於醮壇每一個角落，周而復始噴酒精細霧，燃起熊熊大火，隨行在後諸人則異口同聲喊「發啊！」一聲震霄漢，十分壯觀。

揷柳枝基本上也是一種辟邪的儀式，事前由道士準備好的柳枝，並於柳叢上貼有「家家迪吉」、「戶戶平安」的平安符，由道士唸著讚詞：生在世間栽，得往深山去取來；相傳佛國杜丁設，揷在祠中（或廟中、宅中）掃千灾（災）。然後循階梯揷上柳枝，並過「布橋」。

(十一)安磚契

磚契，相傳古代朱文公曾於後花園中挖出一盒磚塊，其中一塊磚上書有一詩句：「白鶴下時飛上天，鯉魚脫出入深淵。」朱文公乃重新埋入地下，並於原址蓋屋，而致子孫飛黃騰達，「磚契」即由此而來。

磚契，又名陰陽契。即在兩塊方形磚塊上記載著宗祠（或寺廟）的座向（干支）、四至、吉祥話，由外而內逐行書寫，不論橫、直，每一行一律二十四字，相當有規律，這和迴文詩的排列頗有異曲同工之妙。其上還有見證人（境主）、法官（道士或法師）、執事。上面這些關係人都須在上面畫押（簽名）；另一塊磚則畫以「兩儀」，左右兩側則寫著：「白鶴下時飛上天，鯉魚脫出入深淵；奠安福地長富貴，金榜兒孫萬代傳」。

磚契寫好後，尚須塗上一層桐油，以防脫落。待一切準備就緒後，將兩塊磚契面對面綁在一起，並在道士指引下，適時埋於大廳正中央供桌下方靠牆壁部位，並填以潔淨細沙，如此儀式就算大功告成。

(十二)辭神、關祠堂門

磚契處理妥當後，整個醮祭至此已可算功德圓滿。然醮前聘請糊紙師傅所糊製的神祇，如今閉幕前，主人總該風風光光將這一批神祇請還瑤宮，駕返天庭。因此信徒們便各自動手，將神龍、山神、土地、（文太師、姜子牙）、六秀（宿）等神祇請往預定地點，並在四周堆上如山一般的「金紙」，予以焚化，然後立即回轉

●乩童以手試油鼎熱度。

奠安慶典日程表（通例）

第一日

時間	活動項目	地點	避煞	負責單位	備考
0100—0300（丑時）	一、起鼓	本家廟	沖五十四 五十七歲	長老 總務組	
	二、法奏	〃		總務組	
	三、請神	〃		〃	
	四、制煞戲	〃	沖五十四 五十七歲	〃	
	五、掀粿	〃	〃	〃	
	六、點粿	〃	〃	〃	
0730—0930	七、追龍	后面山	日沖五十四歲 時沖三十歲	宗親動員	
0930—1100	八、排粿粽	本家廟		總務組	
	九、掛燈	〃		〃	
	十、敬粿	〃		〃	
	十一、點主	〃		長老 司禮組	恭請縣長主持 各界首長來賓觀禮

時間	活動項目	地點	避煞	負責單位	備考
1100—1300	十二、祭朱衣、金甲	〃		總務組 司禮組	
	十三、祭典	〃		長老 接待組 總務組	恭請縣長主持 各界首長來賓參加祭禮
	十四、歡宴	〃		〃	恭請縣長暨各界首長來賓參加
	十五、演戲	〃		總務組	
1500—1700	十六、犒軍	〃		〃	
	十七、晚朝	〃		〃	

第二日

時間	活動項目	地點	避煞	負責單位	備考
0700—0800	一、進表	本家廟戲台頂		長老 司禮組	
0800—0900	二、排粿粽	本家廟		總務組	
0900—1030	三、迎接姻親	〃		長老 接待組	本宗親動員
1100—1230	四、祭典	〃		〃	
	五、演戲	〃		〃	

1300—1430	六、歡宴	本家廟		接待組	
1600—1700	七、敬宅主	〃		〃	
1900—2100	八、捲簾拜闕	〃			

第三日

時間	活動項目	地點	避煞	負責單位	備考
0700—0800	一、進表	本家廟		長老	
0800—0900	二、送天公	〃		〃	
	三、請六秀	〃		〃	
	四、排粿粽	〃		總務組	
0900—1030	五、迎接宗親	〃		長老	本宗親動員
1100—1200	六、祭典			〃	
	七、演戲	〃		總務組	
1300—1400	八、歡宴	〃		長老 接待組	
1600—1700	九、敬榜脚、地基主、后土	〃		總務組	

2000—2200	十、淨油、插柳、獻五谷	本家廟		長老 總務組	
	十一、安磚契	〃	沖四十五 三十三歲相龍	〃	
2200—2330	十二、辭神、闔祠堂門	〃	日沖五十二歲 時沖二十三歲	〃	

開祠堂門日程表

時間	活動項目	地點	避煞	負責單位	備考
0900—1100	一、開祠堂門	本家廟		長老 司禮組	
	二、設醮	〃		〃	
1100—1200	三、祭祖	〃		〃	
	四、演戲	〃		總務組	
1600—1700	五、敬宅主、地基主	〃		〃	
	六、收燈	〃		〃	

說明：本章所有儀式，均以此表爲藍圖。

●煮油。

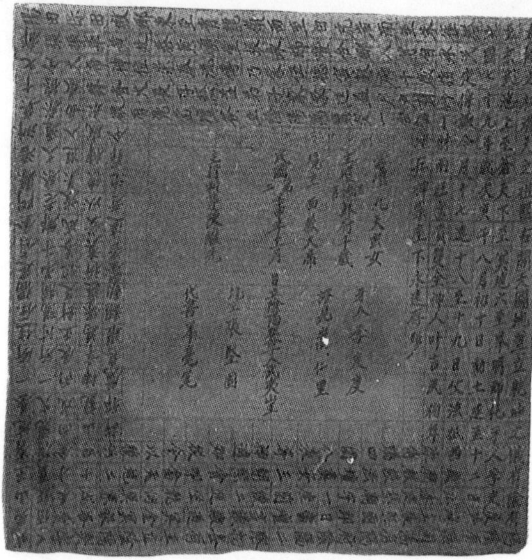
●傳契。

關上宗祠（或寺廟）大門。於是，三天來隆重的奠安大典至此完全結束，衆信徒皆祝禱從今以後，風調雨順，合境平安。主事者多日來的辛勞，也終於可以鬆一口氣，並且一心一意等待十二天後的開宗祠（或寺廟）門大典！

重開宗祠（或寺廟）大門，亦爲大學問。據老一輩傳說，奠安後開寺廟門，一般人興致缺缺，蓋古人有「請乞丐開廟門」之說法，而且

●執事在磚契上畫押。

事後證明傳言不虛。因而寺廟門大都由乩童起乩後，在神明指引下，才敢付諸行動。但論開宗祠門，則熱烈競爭程度直有天壤之別，大家竭力爭取，莫此爲甚。在僧多粥少情況下，只得按照條件高低提出申請，先決條件即是「六公全」（六公者，內公、外公、伯公、叔公、舅公、丈公是也）若是先決條件相同，則公開叫價，據聞有人爲開宗祠門，而不惜喊價台幣十萬元，足見其熱絡之程度。

宗祠（或寺廟）奠安時，所有出嫁女子均須趕回參與盛典，倘本人遠赴他鄉未及時趕回，則須由家屬持其本人衣物一件替代，否則，今後十二年之內不得重返娘家。事畢，主人分贈每位參與者一包筷子，期日後發展興旺。

註釋

註一：這種長條方形燈，亦有採用圓形燈替代的。因爲長條方形燈，除了燈樑爲木頭之外，其餘四周均圍以玻璃，一則維護不易，容易破損，再則大批製作趕工不易，基於這些顧慮，有些甚至直接改用塑膠製的圓形燈來得省時省力。

然據父老云，這其中仍有差別，大致說來，宗祠大部分採用長條方形燈，廟宇則採用圓形燈。然此乃一般性劃分，並無明顯區別。

註　二：從太極相生圖可知無極生太極，太極生兩儀，兩儀生四象，四象生八卦。

註　三：根據《辭海》下冊四九八〇頁記載：魯班有二種不同傳說：

①春秋魯巧匠。班，亦作般。或謂即公輸班。後世土木工人奉爲宗師。按《孟子》〈離婁〉朱注云：「公輸子名班，魯之巧人也，或以爲魯昭公之子。」又按《朝野僉載》云：「魯班者，肅州燉煌人，莫詳年代，巧侔造化，嘗作木鳶乘之飛。」據此，魯班與公輸般當爲兩人。

②明，香山木工蒯祥，仕至工部侍郎，自永樂至天順，內殿陵寢，皆其營繕，兩手畫龍，合之如一，持尺準度，不失釐毫，帝每以蒯魯班稱之。

註　四：《辭源》下冊一頁：「九天玄女，玄女之別稱。上古之神女。黃帝與蚩尤戰，玄女授之以兵法。今六壬遁甲諸書，相傳爲玄女所授。」

註　五：荷葉仙師是魯班公之徒弟，曾發明土木工具，故被泥水匠、磚瓦匠奉爲行業神。

註　六：五穀說法各有不同。見《辭源》上冊頁九九：

①稻黍稷麥菽。見《周禮》〈夏官職方氏〉鄭注。

②麻黍稷麥豆。見《禮記》〈月令〉。

③黍和菽麥稻。見《管子》。

④麥黍稷稻豆。見《素問》。

⑤稻稷麥豆麻。見《楚辭》〈大招〉王逸注。

註　七：引號內的「紫雲」乃黃氏宗親專用「堂號」，其他姓氏應隨自己的姓氏而予以更換。

註　八：見《國中週報》七十七年一月十日至十六日。

註　九：見一九八八年六月《我們的》雜誌頁八十四。

註　十：見《台灣的民間信仰》頁一一五。

註十一：引自《中國時報》七十八年四月廿四日。

註十二：引錄自《台灣的民間信仰》。頁七〇一。

註十三：見《金門縣志》上冊，頁四〇六、五一四。

註十四：引自《台灣民俗》，頁六六。

註十五：引自《光華雜誌》七十七年二月，頁八四。

註十六：引自《光華雜誌》七十八年一月。頁廿一至頁廿五。

肆　住家的奠安

一般住家奠安，可分爲安宅與安后土兩種，規模雖小，儀式俱全。磚契、厝錢、淨油等儀典雖繁瑣，仍需按部就班，行禮如儀。

一般住家的奠安，無論在人力、物力方面皆無法與宗祠（或寺廟）奠安相提並論，亦沒有追龍、點主，迎接姻親、宗親等大型活動，更因財力的不同，而可區分爲「安宅」與「安后土」兩種：

一、安宅

新屋落成典禮，規模雖無宗祠（或寺廟）來得大，但「麻雀雖小，五臟俱全」，各種儀式仍相當繁瑣。數年前寒舍奠安時，筆者即曾爲之忙碌過一陣子，迄今仍印象深刻。首先，得擇吉請道士設醮，再點樑奠安。樑上須懸八卦，插金花，兩端則掛樑燈，懸五穀袋，道士在登高以硃筆點樑之後，加說一些吉利話，接著喊獻五穀、撒錢，主人闔家老幼隨著高聲喊發。然後以黑布畫八卦大符懸於屏門，四壁再貼鏡符，並以木畫符釘於屋外四簷，以磚畫符安於屋外牆角。其後，又以磚兩塊書契，曰陰陽契，合而埋於堂屏後地下，此謂之「磚契」。屋頂脊角，高懸紙花謂之「厝錢」。附近鄰舍，均隨之懸掛，並以紅粉丸祀樑，否則，傳聞將會奪靈。

●一般住家奠安醮場外觀。

接著，道士步罡作法，鍋煮沸油，以口噴酒灑之，再用手掬取熱油塗於門戶四壁，此謂之「淨油」。

安宅當日，衆親友均前往道賀，主人則設宴待客，情景大略與進宅時同，但較隆重。典禮完成，道士以黃紙畫符，交叉封貼大門，外人皆不得進出，尤忌肖虎者，共禁十二日始除。

二、安后土

新屋落成後，無力舉行奠安慶典，或舊屋年久欠安，巧逢大利之年，乃舉行安后土的禮儀。僅請法師一人誦經，或延請境內乩童作法即可，舉凡安樑、掛符、淨油等儀式大抵與「安宅」相同，但較簡陋，而且不設醮、不宴客，禁三日即可開門。

喧嘩熱鬧的奠安大典結束後，儀式雖暫告一段落，但繼之而起的「後戲」部分，仍有諸多規限，嚴禁不改。首要之急是緊閉門窗，期限內閒雜人等一律謝絕進入，爲避免有人造次起見，主人均會在每一扇門扉上高插榕樹枝，以示警戒。燈火方面更應隨時注意，不使熄滅，藉香煙繚繞象徵未來歲月的一帆風順，福澤綿長。一般禁閉門戶以十二天爲準，當然亦可視實際需要而酌予增減，但應由道士（或法師）

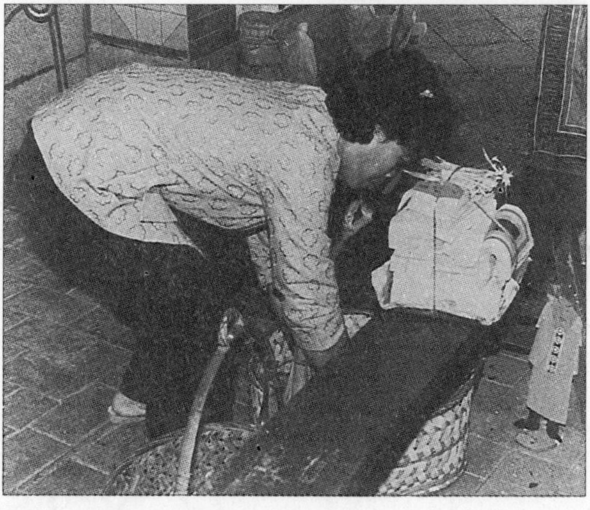

●拜「布橋」橋頭將軍和橋尾土地。

與乩童共同商議而後求得共識。

奠安之後，四十天之內禁吃菠菜（閩南語俗稱「飛龍」）以免好不容易，費盡九牛二虎之力追回的龍神又被飛掉。一般住家奠安在十二天或一個月內，最好也不要買東西，表示不花錢。日常用品則只准拿進，不許帶出，並且不殺生，不做壞事，多說吉祥話，慎防碗盤破損。如不巧打破碗筷，依照習俗應將破物摒於水桶之內，於汲水當中使之沈於井裏，再打一桶清水回來，以示完好如初，毫髮未損。

●法師帶領「過布橋」。

奠安對聯集錦（一般住家奠安用）

卦安樑中迎百福；華堂啓瑞
符鎮堂上納千祥。良時進宅
慶祝來龍增瑞氣；慶祝奠安
祈安后土賜禎祥。魚躍鶯遷
奠厥攸居光世澤；諸務迪吉
安乎汝土振家聲。各事禎祥
家惟積善有餘慶；既安且吉
土在敦仁然後安。長發其祥
安居爲宅福常在；人丁廣進
積善之家慶有餘。安居大吉
吉日安居天賜福；添丁進財
良時進宅地生財。金馬玉堂
安土能敦垂奕禩；安燕吉祥
家風克振衍雲礽。卜宅大吉
與宴意歌張老發；福星拱照
卜昌共喜于公門。門眉煥彩
堂構垂千秋令結；君子居之
雲礽衍奕世宗風。入此室處

棟桴嵯峨新氣象；喜氣長臨
規模壯麗振家聲。俾昌而熾
賀室無踰張老頌；大地生財
盡倫可羨德星堂。天相吉人
甲第大開貽燕翼；長發其祥
華堂丕振煥鴻規。勿替引之
美輪美奐許於禮；小地發福
塗塈塗丹誌在書。禮成祀土
良時慶宅進丁財；安土敦仁
華堂設醮地生金。竹苞松茂
居之安自求多福；良時吉日
和爲貴長發其祥。居安資深
金屋奠安天賜福；卜云其吉
吉日安居添福壽。安居進宅
安土能敦稱仁里；萬福攸同
表宅有道樹風聲。迪吉自天
吉日安居天賜福；奠厠攸居
良時入宅人添壽。以介景福

吉日安居天賜福；居之則安
良時進宅地生金。福自天來
吉日起鼓添福壽；安乎汝止
良時鳴鐘求平安。自求多福
此日慶宅光斯宇；萬福攸同
他年昌熾耀吾門。降遐遐福
乾元亨利貞大吉。春城壽國
坤六爻四象中孚。龍飛鳳舞
吉日安居天官賜福；百福千祥
良時祀土地脈增祥。加冠晉禄
吉日安居財豐丁熾；迎禧戩穀
良時慶宅人傑地靈。鴻禧燕譽
慶祝山龍華堂啓瑞；德鄰仁里
引來水秀俾熾而昌。添丁進財
天泰地泰三陽開泰；居之安　和爲貴
神安人安合家平安。祥光　安居
土旺人從旺安且吉；由義　慶宅
神安宅自安泰而康。丁旺　地義
棟起連雲陵北斗；財豐　地生金
樑飛揷漢煥南天。安寧　招丁財

何須金馬形堂方稱傑構；千祥　百福
即此訛門仁里便是安居。金屋　玉堂
協力同心無相尤而式相好；地勝　堂高
有基無壞垂於後即光於前。啓瑞　呈祥
輪奐更新快覩棟樑增物色；納福　增祥
門閣重整還期孫子振家聲。錫福　禎祥
慶祝山龍華屋頻增瑞氣；允升占大吉；
祈安后土神人倍錫禎祥。奕世卜其昌。
慶祝山龍華堂啓瑞；安居天賜福；
奠安后土地脈呈祥。慶宅地生財。
肯斯堂承其祖武；奠安天賜福；
安汝止貽厥孫謀。人丁添福壽。
神進而人亦進；土旺人從旺；
宅安則物咸安。神安宅自安。
進樑多進福；敬君居戊己；
興室亦興人。祐我得庚辛。
（陳諸葛先生提供）

——本卷原載《金門日報》，一九九〇年二月十五日至三月十二日。

3／生命儀典

傳統的社會制度，素以家族爲其核心，家族制度因而建立在「生子」觀念上。生子之觀念深含兩層意義：一爲生子養活，目的在求自我的生存，亦即生子防窮，養兒防老。一爲生子傳代，目的在求家族的緜延，亦即傳宗接代，生子防絕。因著「防老」、「防絕」……等生子觀念之動機，男婚女嫁乃一躍而爲人類社會中最基本的普遍現象，養兒育女也就成了理所當然，責無旁貸的天職。

昔日農業社會，由於知識匱乏，醫藥常識不足，衛生觀念不確立諸多緣由，使得簡陋的傳統助產方式，往往爲孕婦母子帶來莫大的困擾及不確定感。因而民間之於生育，最爲愼重，胎前產後，種種禁忌，皆視爲天經地義，更奉之爲圭臬，而尊行不渝。此些禮俗又常隨著種族與區域的不同而有所差異。

金門總面積僅百又五十幾平方公里、然此蕞爾小島上，有關生兒育女之習俗卻不盡雷同。《金門縣志》引《滄海紀遺》有云：「一洲之中，相去不遠，習俗亦不能盡同，然大率男務耕稼，女務織紡。」大抵以瓊林村爲界。

追述此些習俗的產生，自有其形成之時代原因及背景，其中不乏合乎邏輯者，亦不乏彌漫濃厚迷信色彩者。唯在近年來經濟高度繁榮，教育大力普及，醫藥水準全面提昇之下，孕婦只要前往醫院待產，則一切疑難問題自可迎刃而解，致使這些古老習俗似無再存在意義與價值。然以維護民俗立場言之，老祖宗昔日從一無所知逐漸摸索出來的寶貴文化遺產，豈可任令其湮滅而無存？

壹　祈子的習俗

「不孝有三，無後爲大」
乃是傳統社會根深蒂固之觀念，
古今婚禮中，
均有祝賀多子的儀式。
若是婚後久未生育，
則必然要透過種種特殊之祈子習俗，
冀望能早獲麟兒。
此些祝賀多子的儀式和祈子習俗，
多半充滿巫術意味和迷信色彩，
雖光怪陸離，卻又趣味盎然。

一、婚禮前的祈子

也稱翻（牀）舖，是結婚前不可或缺的熱門項目之一，盛行於閩南（金門）、台灣一帶。行前，先在親族中挑選一位十一、二歲左右，面目姣好，聰明活潑，父母雙全男孩，惟以肖龍者為上選。於結婚前夕，與新郎倌齊在洞房內同榻而眠，且要準備花生、芋頭各一盤，供小男孩食用，取其像落花生、芋頭一般繁衍不息，世世代代，子孫長發之祥意。次日，新郎倌援例要在小男孩手中塞個紅包，以示謝忱。若實在尋不著肖龍者，則可改選與新娘能相配之生肖。（註一）。

事實上，民間大多數的在一切慶典習俗當中，龍乃是最理想的生肖，可謂百無禁忌，其他生肖次之，唯獨肖虎者諸事不宜。據聞這項習俗頗為靈驗，大部份新娘均能在不久的將來，生下一位白白胖胖的小男孩。

二、婚禮後的祈子

註生娘娘

●註生娘娘。（劉還月／攝影）

「南斗星君」主司出生，至於授子之神則爲「註生娘娘」（俗稱婆姐媽），此乃人盡皆知的事。故而本地婦女率皆信仰註生娘娘，目的無非在祈求能讓自己早生貴子。唯這位主司懷孕、生產、保護幼兒之女神，卻鮮少有寺廟奉祀爲主神，一般僅寄祀於各寺廟內供奉。參拜者多屬婦女，須備牲禮往拜，求賜良緣，並求生子，偶爾亦帶病兒往拜，可謂絡繹於途。尤其是久婚不育之婦女，對這位閩（含金門）、粵一帶的祈子之神，更是虔誠膜拜，冀望藉其無邊法力，順利達成心願。

聽香

農曆正月十五夜，俗稱「上元暝」，亦稱「燈節」。是夜，遊人萬頭鑽動，戶戶高懸彩燈，熱鬧異常。夜闌更深，婦女間傳有「聽香」之俗。首先在自家神佛前燒香點燭，擲筊占卜應走方向之後，再持筊一枚走往該方向，而於路上竊聽人話，以所聽得的片語隻字，回家後擲筊判斷祈願某事的吉凶，此即民間所謂「聽香卜麟兒」、「聽香卜佳婿」之類習俗。這種習俗對晚婚、未育的婦女言之，不啻是一個指迷津、報佳音的不二法門，筆者於童稚之時，就曾隨同聽香者前往湊熱鬧，如今仍歷歷在目，偶思及之，更是回味不已。

據聞鄰里中曾有一位久婚不育婦人，於聽香過程中聽到了一句「狗王後面跟了一大堆小狗。」果不其然，次年起，即年年喜獲麟兒。值此科學昌明時代，這種說法或被斥爲無稽之談，或仍令人匪夷所思，但在昔日民智未開農業社會中，卻是一項深具意義之活動。

偷俗

元宵夜，除開「聽香」外，尙有幾種「偷俗」，爲上元夜點綴無邊樂趣。顧名思義，偷俗即偷竊之俗，是夜，祈子婦人若偷得餵猪盆而挨罵，即爲生男之兆；若偷拔他人竹籬之竹亦爲吉兆，因竹籬二字音同「得兒」。惟類此偷俗，僅爲象徵性質，鄰家得知，亦多不以爲意。

三、弄璋與弄瓦

今人都以生男爲「弄璋」，生女爲「弄瓦」，並以爲重男輕女自古而然，實質上純出誤解，「璋」、「瓦」兩者之間並無顯著分別，更無貴賤之分，同是人們對呱呱落地之生命適如其份的期許而已。璋的圭璋、寶玉，祝其成長後爲王侯執圭璧；瓦是紡縛，爲古代婦女紡織所用，兩者質地雖不同，卻同樣充滿父母對子女的深厚期許，亦見古代社會主張男外女內之社會型態。

有關古人對生兒育女之美麗想像，《詩經》〈小雅斯干篇〉記載甚明：

下莞上簟，乃安斯寢。及寢乃興，及占我夢。
吉夢維何？維熊維羆，維虺維蛇。
大人占之，維熊維羆，男子之祥。
維虺維蛇，女子之祥。
乃生男子，載寢之牀。載衣之裳，載弄之璋。
其泣喤喤，朱芾斯皇，室家君王。
乃生女子，載寢之地。載衣之裼，載弄之瓦。
無非無儀，唯酒食是議，無父母貽罹。

其中熊羆爲男子之吉兆，虺蛇爲女子之吉兆，均是人們對即將臨的新生命所作形象之憧憬。

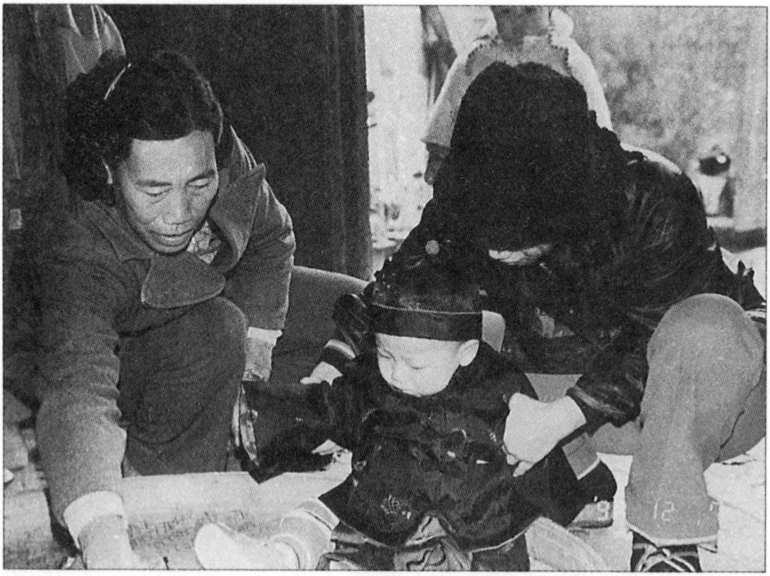

●對新生兒的關懷、期許，演化成一套井然有序的生命儀典。

此種對新生命之關懷、期許，在歷史長河及生命遞傳之下，逐漸具體化成一套井然有序的儀式，從誕生、滿月，到四個月、周歲，甚而延續到加冠之後。在此儀式中，包容新生命的任何成長階段，也含括長輩之祝福和期許，更由簡陋衍化成繁複而意味深長。

《禮記》〈內則篇〉言：「子生，男子設弧於門左，女子設帨於門右，三日始負子，男射女否。」

由此據見「慶生」儀式之制度化早有記載。帨，即指佩巾，相當今日的手帕。設帨於門右表示生女。弧，即指木弓，設弧於門左表示生男，生男孩後三日尚要用弧矢謝天地四方，表示男兒志在四方之意。古人稱男子生日為「懸弧之辰」，稱女子生日為「懸帨之辰」，典故即出自於此。

所謂「禮不下庶人」，《禮記》〈內則篇〉所載生子儀節雖說不一定通行天下，但至少可看出後世生子禮儀和習俗的繁複乃是由來有自，而非妄自造作。（註二）

註釋

註 一：「龍」乃古代天子之代稱，象徵吉祥、富貴，是一切慶典中最理想之生肖。虎因天性兇暴，凡事皆在禁忌之列；尤當新娘肖羊之時，萬不可選肖虎之人，免有「羊入虎口」之嫌。

註 二：引自《國文天地》六五期，頁一〇八。

貳　禁忌與傳說

婦女一旦懷孕，
基於對新生命之關懷、期許，
視懷孕爲大事。
在民智未開之下，
衍生出種種約定俗成的忌諱。
在今天社會，
有些人可能認爲是無稽之談，嗤之以鼻。
但是，
不妨抱著「姑妄信之」的態度來對待。

金門因僻居海隅，受限於地域、醫護及保健等緣由，婦女一旦懷孕，則視為大事，更在民智未開之下，衍生出種種約定俗成的忌諱，現逐一列述如後：

胎神

胎神二字意謂胎兒的靈魂有神明附著，舉凡孕婦的住宅、房間或任何器物上，均可能有胎神存在。又因月令關係，胎神的位置亦會因之而異動，故而婦女懷孕期間，絕不能隨便移動家中任何物品，甚至連釘一根釘子也在禁止之列。因為胎神和胎兒靈魂息息相關，倘若房間內有個風吹草動，就會立即影響到胎兒，而引發肚痛、流產、難產、或是胎兒有異狀出現，此般情形俗稱「動著」，最為一般人所忌諱。

今舉一實例，詳加說明：設如胎神正潛伏在窗戶上時，湊巧於其處釘上釘子，或將窗戶堵死，即可能在嬰兒耳朵兩側釘出兩個洞來，或是正釘眼珠而有失明之虞。如不巧發生這種耳不聰、目不明情況，須在嬰兒誕生後滿月內，至多不超過四個月，立即拔下所釘釘子，或將堵死窗戶恢復舊觀，並把拔下釘子置放淘米水中浸泡，否則時效一過，將永鑄憾事，追悔莫

●有避邪作用的「花匹」。

及。故在孕婦懷胎十個月期間，以及生產後之四個月以內，胎神可謂時時潛伏在家裏，孕婦房間器物應避免隨便搬動，亦不可粉刷整理，尤以釘釘子更被視為最大禁忌。

苟或不幸觸動胎神，而由胎神波及到胎兒之時，最先出現之徵候，即是孕婦的肚子痛，此時，亟須安撫胎神，祈保胎兒安然無恙。情況輕微者，僅灑些「鹽米」（註一），拿一把斧頭在牀沿敲擊一番即可。情況嚴重者，則須請教神明或延請法師到家裏來，為孕婦禱告安胎，並在臥房貼上「安胎符」，藉能鎮定住胎神。

此種「胎神」觀念，在今天之社會，可能有些人認為是無稽之談，甚至會嗤之以鼻，但在往昔醫藥不甚發達時代，一般人卻置信不疑。即如現在，該觀念仍普遍深植人心，就連金門知識份子亦都抱持著「姑妄信之」態度來處理，畢竟這種事宜並不適合去冒險、嘗試。

禁看傀儡戲、布袋戲及猿猴等動物

孕婦如不小心觀看傀儡戲或布袋戲，甚至只看到猴子，相傳即會生下畸形胎兒，尤以傀儡戲為最。因傀儡戲多在祖宅、宗祠或寺廟落成之時，上演鍾馗收妖，以驅逐妖魔鬼怪，大人謂之祭煞，小孩或孕婦看了則會犯沖，因而竭力禁止觀看。

禁跨馬繮繩

金門人認為，孕婦跨越「馬繮繩」，將使產期延長到如馬一般十二個月。有關馬繮繩之說，泰半人們都認為是粗俗且顯而易見之物品，孕婦於懷孕期間，本應謹慎行動，豈會粗心至跨越馬繮繩，萬一被馬絆倒，後果豈堪設想？

事實上，這裏所謂的馬繮繩應是指陰間無形的馬繮繩，才會有防不勝防之感。因為任誰也不敢保證那一天會跨越它。據身歷其境者言之鑿鑿地表示，似乎又眞有這麼回事。是以孕婦最好不要在夜間任意外出，若有外出必要，則最好披上新嫁娘隨嫁而來必備之「花帕」（註二），據說「花帕」上的花紋即為虎花，復加沾有結婚喜氣，因而深具強大避邪效果。

如不愼跨越馬繮繩，而使產期延到十二個月仍未生產時，孕婦應用衣襟捧些草料，趁四下無人拿去餵飼所養之馬，始可破解。懷胎十二個月對孕婦言之，雖是一大累贅，但據聞如此生下之小孩，除頭髮較長外，亦較聰穎伶俐，唯此說純屬附會，不得證實。

禁跨秤

金門之度量衡雖採用公斤制，但因秤一斤一般為十六兩（註三），假如孕婦平常步行不慎跨過秤，就可使產期延長到十六個月。此種說法畢竟較離譜，也無任何根據，老一輩者亦認為太過牽強，而不足採信。

禁綁東西

懷孕期間孕婦如在室內捆綁東西，即可能生出十指不能伸直，或脚指相連之畸形嬰兒。

兩孕婦不同牀

兩孕婦除不得同牀外，亦不得交換或贈與物品，否則將會為彼此帶來不幸。

禁夾東西

倘若孕婦在待產期間用夾子夾東西，就可能觸犯到胎神，而生出無耳或獨耳之胎兒。

禁貫穿東西

孕婦如使用針、錐穿過布匹或紙張，即會因觸犯胎神而使嬰兒失明。

禁入廟內焚香膜拜

孕婦不得入廟燒香，亦不得觀看婚嫁、迎娶，更不得於牆壁任自黏貼紙張，敲釘釘子及移動笨重之物，否則將會觸犯胎神。

不刮鍋（鼎）

產後十二日內，鄰居不得刮鍋底灰、舂米麥、推磨、敲鑼打鼓……等，此乃擔心新生嬰兒受到驚嚇之故。

不見姑

嬰兒甫生，探視者不得攜帶雨傘、包袱、鮮花，據說此些東西能藏鬼祟。身著喪服者尤不得入內觀看，以免犯沖。同時，也應避見姑母，因「姑」與「孤」同音，俗諺有云：「見姑，面會烏」意即在此，否則將會使新生兒面孔變黑。

以上諸多繁文縟節，若要完全遵照辦理，事實上有其困難，亦無此必要。然孕婦於懷孕期間，行動須格外謹慎，則爲不爭之事實。尤其於懷孕期間，不宜作過度操勞，不宜食用刺激性食物，而應多食猪內臟（肝、心、腎）和雞、魚等營養補品觀念，即和現在強調產前「一人吃兩人補」理論有異曲同工之妙，此之謂「補胎」。俗話有云：「補胎，較好做月內」，即謂產前補營養遠比產後補營養來得重要。

孕婦如過分勞動，或行動失愼跌倒動到胎氣，或觸犯胎神時，或感到身體不適時，應該及時設法安胎，除前述之巫術外，尚可服用中藥「十三味」（又稱「安胎飲」），以安定胎兒。如此裏外雙管齊下，始可高枕無憂。據言在懷胎兩月以後，若能每月服用「十三味」一次，不但能滋補孕婦身體，也能保護胎兒，不致有畸形兒的出現，同時，也可避免難產，是一帖普受一般孕婦鍾愛的民間藥方。

註釋

註一：「灑鹽米」乃一趨吉避凶儀式，民間相當流行。只要在碗中放些米和食鹽混合即可。

註二：「花帕」是種黑白相間布巾，其上有似老虎一般花紋；又因爲新嫁娘陪嫁之物，深含喜氣，故具避邪效果，孕婦、嬰兒夜間外出時，均得披上它，意即在此。長約一百二十公分，寬約一百一十公分。

註三：金門地區度量衡均以公制計算，半公斤等於一市斤，雖亦算十六兩，但與台斤相較，卻少三兩之多。

參　生產的習俗

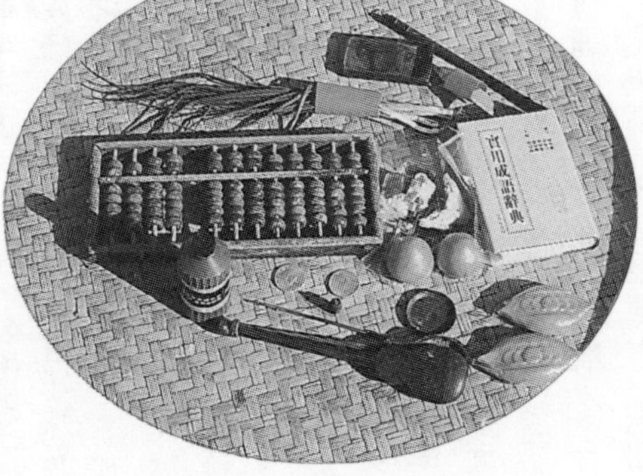

俗云：「碛甜甜，才會生後生」。婦人懷孕初期飲食嗜好殊異，偏好「鹹、酸、甜」。昔時娘家父母體貼女兒害喜，總會將冬瓜、柑餅、桔餅等蜜餞置於嫁奩橱屜。

一、病子（害喜）

婦女懷孕初期二、三個月內，俗稱「病子」，也稱「病孩子」，即一般所謂「惡阻」，在此期間產婦口液頻流，飲食嗜好殊異，常偏好「鹹酸甜」（甜酸食物，如楊桃、李、柑橘、鳳梨等水果蜜餞）。且有頭痛、惡寒、欲吐徵兆，身體常感怠懶無力之感。因而往時爲人母者於女兒于歸之時，總得將冬瓜、柑餅、桔餅等蜜餞置於嫁奩櫥屜，俗謂「磧甜（吃甜點），才會生後生（生男孩）」，意即母親體貼女兒來日害喜，預先準備產婦嗜好食品。因在舊式社會中，女權低落，初爲人婦者，這種事大都難於啓齒。

以下引錄吳瀛濤著《台灣諺語》兩首金門今仍傳誦的〈病子歌〉（或稱〈十月花胎歌〉），一則表現夫婦間濃厚愛情，一則印證孕婦對飲食嗜好之異於常情，每首均按月份唱念，句首表示歲時，第二句則吐露病子之苦狀。

第一首：

正月算來桃花開，娘子病子無人知；
哥來問娘愛吃啥，愛吃山東香水梨。
二月算來田草青，娘子病子面青青；
哥來問娘愛吃啥，愛吃枝尾桃仔青。
三月算來人播田，娘子病子心艱難；
哥來問娘愛吃啥，愛吃紅肉的李鹹。
四月算來日頭長，娘子病子面黃黃；
哥來問娘愛吃啥，愛吃唐山烏樹梅。
五月算來顧船渡，娘子病子目眶烏；
哥來問娘愛吃啥，愛吃鹹菜煮猪肚。
六月算來碌毒天，娘子病子倚牀邊；
哥來問娘愛吃啥，愛吃烏葉紅荔枝。
七月算來人普施，娘子病子心無意；
哥來問娘愛吃啥，愛吃羊肉炒薑絲。
八月算來是中秋，娘子病子面憂憂；
哥來問娘愛吃啥，愛吃麻豆文旦柚。
九月算來九降風，娘子病子心茫茫；
哥來問娘愛吃啥，愛吃馬薯炒海參。
十月算來人收冬，孩兒落土腹部鬆；
哥來問娘愛吃啥，愛吃麻油炒雞公。
十一月來是冬天，娘子抱子笑微微；
哥來問娘愛吃啥，愛吃吾子滿月圓。
十二月來是年兜，娘子看子白泡泡；

哥來問娘愛吃啥，愛吃麻油甜土豆。

第二首：

正月病子在心內，若要講出怕人知；
看著物件嗒項愛，偷偷叫哥買入來。
二月病子想愛眼，三頓粥飯無愛吞；
想吃白糖泡藕粉，叫兄去買一角銀。
三月病子感嘴冷，脚手酸軟烏暗眩；
酸澀買到厝內面，愛吃樹梅鹹七珍。
四月病子恰畏寒，趕緊綿裘提來蒙；
專專愛唾白白涎，想吃竹筍煮蟶干。
五月病子恰悽慘，愛吃仙楂甲油柑；
姉妹相招來相探，叫咱鴨母煮烏參。
六月病子眞見笑，不時眠床倒條條；
愛吃包仔甲水餃，三頓不吃不知餓。
七月病到還掉病，不時不日想食甜；
腹肚一日一日滿，勤哥不免請先生。
八月人還眞艱苦，脚酸手軟四處摸；
心肝恰糟要怎狀，愛吃馬薯炒香菇。
九月恰和君實說，大概敢是落後月；
趕緊買菜給我配，今日愛吃一鼎粥。
十月倒塊眠床內，人眞艱苦報君知；
去叫產婆來看埋，若是順利好斷臍。

二、栽花換斗、換肚

栽花換斗

這種習俗乃是婦女懷孕後變更性別之特殊方式。古代醫家認爲懷胎三月，胎兒尚未定型，生男生女還可隨心所欲，於是許多「化女爲男」之方術，便自然在民間承續流傳。據晉朝張華《博物志》卷十〈雜說下〉云：「婦人妊娠未滿三月，著婿衣冠，平旦左遶井三匝，映詳影而去，勿反顧，勿令人知見，必生男。」即爲見諸史書記載之實例，亦可見民間習尚此風氣之一斑。

另外，民間還襲用一種相當有趣之傳說，即謂男人是一棵樹，女人是一株花，此株替代女人的花冥冥中被註定要開幾朶花，上蒼早有安排。此處所指開花即是生育的意思，所開之花顏色分爲紅、白兩種，紅花表示生女，白花代表生男。男女結婚後即照宿命論裏被安排之模式生男生女，世世代代，綿延不息。

假如開的花儘是紅色便連胎弄瓦；若儘是白花即連胎弄璋，這時即可透過儀式之舉行，請求掌管生兒育女的註生娘娘特別通融，換斗白花，生個胖嘟嘟的「小壯丁」，或是換斗紅花，產個人見人愛的「小千金」。因爲「吃魚吃肉也要菜甲」，男孩女孩兼而有之是最理想不過。唯此換斗儀式概以祈求男丁居多。若是婚後膝下猶虛，或是生下嬰兒體弱多病，亦可透過這種方式尋求「改運」，祈請註生娘娘賜給麟兒或幫忙照顧嬰兒，俾使其一生當中，無災無難平步青雲直到公卿。

此般變換性別、消災改厄之法術，在金門地區並未被普遍的使用。一般均在面臨到無法以人力克服之高度困難下，才「知其不可而爲之」地嘗試以無邊法力來制服。方法大致有兩種：其一是委託糊紙師傅糊一盆白色菊花，連同紙錢一起拿到廟中拜拜；另一種則是找一盆生鮮白菊花花苗，同樣置在廟宇中。先供上牲禮香燭，請求神明施法，並委託神明到傳說中註生娘娘掌理的「生命花園」內「栽花換斗」，爲新生嬰兒帶來好運，或更換性別。金門地區作此法者均以爲嬰兒改運爲限。然這一盆鮮花必須安置於庭院之內，且須經常澆水，絕對不能使枯萎，否則將會前功盡棄。

換肚

當婦女只生女孩不生男孩，或公婆急抱長孫之時，另有一種祈子作法，即謂之「換肚」。方法是在孕婦產後十日內，由娘家人將猪的小肚置於瓦罐（熬中藥用瓦器）中，並配上「四神」或「高麗參」等佐料，用慢火熬妥後，事先知會孕婦，並在牀舖中間擺上一副碗筷，然後由孕婦不聲不響地吃個精光，再把瓦罐覆蓋在牀底下，俟下次生產時作爲放置「胞衣」的容器。待一切就緒後，產婦即隨同娘家的人回娘家「做客」，住個兩三天再回家。此法亦可在流產後不數日內實施。

據聞此後不但容易受胎，而且更有希望生男孩，因此，「換肚」又稱「換路」，即帶來好運之意。這當然是一種迷信之說法，原因是一般人認爲，吃猪肚會換肚（順利達成變胎之心願），也是吉祥的象徵，基於此，時人就因而樂此不疲。

在傳統父系社會中，嫡長子須擔負起祭祀祖先，延續香火的神聖使命，也才能貴爲整個家族或家庭未來之中心；同時，古代的農業社會，人丁衆多，被認定是家業興旺之先決條件，因而生育子女方面若不盡人意，往往爲求子嗣，必須大費周章，甚而無所不用其極，堪稱用心良苦。

三、判斷胎兒性別方法

在今天醫學儀器進步時代，尚且無法十分準確判斷胎兒的性別，遑論遠古時代老祖宗們最原始之目視觀測法。然當年老祖宗們憑藉經驗之累積，而悟出許多判斷的依據，這些經驗，「雖不中，亦不遠矣。」至少它提供了一種最簡易的判斷法：

㈠胎兒位置若是偏左，極可能生男；反之，若是偏右，則生女的機率較大。

㈡男性胎兒背部向外，母體肚皮較尖，肚子尾端也較硬，且不易蹲下；女性胎兒則臉部朝外，母體肚子較平坦，肚子尾端較軟，行動較方便。俗話說：「要看後生（兒子）的屁股，也不看祖子（女兒）的面。」即爲此意。

據言古時有位老婦人，膝下無子，只生三個女兒，且都已出嫁。老婦人平日無事種植一棵絲瓜排遣時光。一日，老婦人心血來潮，特地走訪女兒們，不意連跑三家，竟沒個女兒招待她午餐，逼不得已只好回家自摘絲瓜充飢。因而民間盛傳此「三個祖子（女兒）比不上一顆絲瓜」的故事。

㈢在冬至夜時，以「冬至湯圓」放入灶內火堆中薰燒炙烤，如果湯圓表面往外凸，即表示這個孕婦要生男孩；若是湯圓表面出現裂紋或是凹陷，則生女可能性較大。

㈣在孕婦後面，於無預警情況下，突然叫喚她，若是孕婦向左方轉身，表示會生男兒；若是向右轉動，則可能會生女兒。

㈤將女人懷孕月數加上四十九，再減去孕婦的年齡，再加上十九，其所得之數目，若是奇數，則生男；若是偶數，則生女。如果是偶數而生男，或奇數而生女，則謂之不祥。據說此孩兒三、五個月即會「夭壽」（夭折）。

其歌詞如下：

七七四十九，
問娘何月有，
除起母生年，
再添一十九，
是男逢單位，
是女必成雙，
算男若是女，
三五入黃泉。

四、男子系統主義

慶出生、愛子孫，希望子孫綿延繁榮本是人類共同之心願，偏重倫常觀念的傳統社會尤其如此。除視宗祧繼承及祭祀傳煙為人生大事外，更要求承接宗祧祭祀必由男子來承擔，父以傳子，子以傳孫，一直傳承下去。萬一不巧沒生男性子孫，就得向同宗或同姓親人領養男孩，否則香火就要斷絕，祖宗也得不到祭祀，這在傳統社會中，是一件相當嚴重之事。俗語云：「不孝有三，無『後』為大」，意即在此。為人妻者更是把「喜獲麟兒」當做第一要務，因為在古代無子是「七出」理由之一，即使不被丈夫休棄，也得忍受丈夫娶妾討小，平白葬送自己一生幸福。

生兒育女本就由天不由人，儘管傳說中的「栽花換斗」、「換肚」可以變更胎兒性別，但畢竟在機率上男女各半。現今人們認為「男孩女孩一樣好」，但古人卻認為「弄瓦」是一件相當賠本之「生意」：養女兒不但為別人養妻室，還要準備大量嫁妝，生育時且得隆重準備「頭尾」(嬰兒的衣物）所費不貲，太不划算，對窮苦人家言之，不啻是一大負擔，因而許多愚夫愚婦在女兒生下後，一方面憂心養不起，一方面是希望能更變命運，祈求在下一胎能生個兒子來承繼香火。於是硬起心腸，將自己十月懷胎之女兒，用一木桶盛裝後，棄之於深海中，如是將全部希望，寄託於渺不可知的未來。臨撒手之時，口中仍不停喃喃念道：「海水黑黑，查某（女兒）換查脯（兒子)」；「海水青青，祖子（女兒）換後生（兒子)」。

此般愚蠢行徑，依我們今天眼光觀看，實是不可思議，但據老一輩子的人信誓旦旦地指出，這種殘酷事實，非但存在，而且相當普遍，無奈之情，溢於言表。這大概就是俗語所謂「貧賤夫妻百事哀」之最佳寫照吧！

五、分娩

孕婦在產前一個月時，房間就要避免閒雜人等任意出入，獨有產婆可以暢行無阻。但農業社會之婦女，往往日出而作，日入而息，不但要幫忙處理農事，更要操勞家務，故而一般人均擺不起這種派頭。

本地孕婦之產房，大都因陋就簡，隨意在臥房地上舖些稻草或草薦之類的乾燥東西，上面再墊些舊衣物，即爲最原始之「產褥」，其旁，再適時準備一把「脚踏椅」（小板凳），俾使產婦生產時使用，佈置即算妥當，有些窮苦人家甚至連「脚踏椅」都付之闕如。

分娩前，家人都得幫忙準備麻油、明礬、苧絲、薑、柿粿、橘餅等物品，尤其是第一胎產婦，更得全家總動員，嚴陣以待。往後若再生產，在熟能生巧景況下，產婦一切即得自己張羅，甚而連孩子的洗澡水亦要自行準備。

當孕婦發現臨盆在即時，應立刻找人請來「拾子婆」，也稱「轉臍婆」，即有經驗的產婆。在一般情況下，接生時，大部分都由「轉臍婆」自己一個人料理。唯獨在特殊狀況，如難產等情形，才會央請二、三位婦人幫忙。這些產婆並不需要法律所認可（以前亦無此制度），也不具開業執照，只是憑世代傳遞之接生經驗，平日受雇於街坊鄰里爲人接生而已。價碼不一，亦不自訂，概由主人以紅包奉送。此種接生方式，在金門一直持續了相當長一段期間，直到最近幾年，生活進步，一般產婦均到醫院待產，「轉臍婆」行業才逐漸式微。

當孕婦生產時，是靠在產褥上的一把小板櫈上，也有的直接躺在地板草薦上生產。嬰兒誕生時辰稱做「下土時」，連同年月日，用天干地支算計，共有八個字，因稱八字命。傳言「下土時」的先後關係到孩子將來之命運，影響十分深遠。

根據古老傳說：以前曾有四個人同舟共渡，其中除相命先生外，另外三人依序是和尚、帝王和水手。而此三人「下土時」皆相同，只是一個「時頭」，一個「時中間」，一個則「時尾」（一個時有兩個鐘頭，如辰時即爲上午七時至九時）。這三人有感於彼此同年同月同日同時誕生，何以命運完全迴異？乃商請相命先生算命。相命先生經仔細盤算後赫然發現，此三人「下土時」雖然一樣，但因時間先後之不同，而有截然不同的命運。相命先生說：時頭敲鐘擂鼓，所以當和尚；時尾貼龜搖櫓（閩南語發音即伐槳），所以當水手；時中間做人王，所以當皇帝。

孩子出生後，「拾子婆」要用剪刀剪斷臍帶，並以苧麻繩、明礬紮緊嬰兒臍帶，一般都是先綁好再剪，臍帶最好以三個手指寬度的地方來剪最爲妥當。爾後，再用草繩將胎衣（或稱「威」，衣之訛音）綁妥，並輕輕地將它棄置於池塘內深泥中，或廢井內，唯不可用力丟擲，以防嬰兒吐奶。

又因胞衣爲隨嬰兒出生之物，與嬰兒脈息相通，如不幸被有心人拿去作法，對新生兒極爲不利，故要謹慎處理，萬不可等閒視之。據本地老一輩人口傳，新加坡華人在處理胞衣時，即將之裝在瓦罐內，外面掛上一塊石頭，僱船駛往外海，並予以投入海中，則可萬無一失。

另據老人家說，胞衣有「活威」和「死威」兩種，死威容易下胎，活威則易衝犯心臟成爲產婦死因，較具危險性。倘胞衣在母體內不易排出時，將是一件異常棘手之事，尤其舊時醫藥不甚發達，更是惱人，所以事前的防範絕對有其必要。一般做法乃在「順月」時，吃猪肝炒醋，並在數日內連吃兩三服，藉醋之作用使活威變成死威，縮小體積，有利於生產，減低危險性。是否眞有這等奇效，則不得而知，純爲沿襲禮俗而已。

嬰兒身上臍帶一般都在六天左右掉落，然亦有早至三天，或延至八、十二天掉落者。據聞掉落時間越長越好，也越有財氣。掉落之臍帶率皆用紅紙包妥並妥爲保存，如躬逢廟宇建醮，將之持續擺放醮壇中，則可使嬰兒長大後聰明伶俐。唯在神聖莊嚴之醮壇及神祇慶典中，臍帶素列屬不潔之產婦產物，畢竟不夠道德。但基於傳統社會「望子成龍」的強大壓力，諸多信徒仍會想盡一切辦法如是泡製，譬如在

「進銅盤」祈福之時，暗將臍帶置於其內即為一例。

嬰兒誕生後，宜用開水（待其冷卻為溫水後）洗澡。且當開水煮至滾燙鼎沸之時，需趁熱倒入浴盆中，使其產生「滋滋」聲響，據言如此可使嬰兒長大更具有笑容，更富有親和力，初生之嬰兒一般都用布包裹，較窮苦人家則撿拾男女成人所穿之寬褲頭長褲將就包裹。而後，用酒杯盛裝蜂蜜水，再以棉花沾上蜜水使嬰兒吸吮，當然亦有用甘草湯者，直至三天後才開始哺奶。產婦則以麻油炙柿粿、橘餅以食。自嬰兒誕生十二天內，鄰居應儘量避免刮鍋底灰、舂小麥、推磨、敲鑼打鼓……等，以防驚嚇到嬰兒。

在分娩過程中，肖虎的人因俗稱為「大生肖」，且虎性粗暴，故不宜觀看；若為自己人則較不忌諱。如為第二胎，在嬰兒出生後，應將小孩置於牀上，再煮兩個紅蛋，由牀的一邊慢丟至另一邊，然後剝殼交由較大的孩子吃，以求較大孩子能不黏人，俾讓母親專心照料嬰兒。

六、難產

在古昔醫學觀念落伍時代，生男育女本就要擔負些許風險，所以每逢難產，翁姑乃要燒香點燭，祈神拜佛，冀望胎兒能順利生產。若是情況仍不見改善，則多乞靈符錄。道士乩童以黃紙畫符貼于房門，以求祭煞，或以磁碗盛涼開水，由道士、乩童畫符焚於水中，使產婦飲用，據說如此儀式有催生效果。本島自醫藥設備日漸充實以來，此般迷信心理已日漸減少。當然在醫院由醫師接生後，難產情況改善良多，自是不爭之事實。

至若難產之種類，概括言述可分為下列幾種：

㈠**倒踏蓮花**：嬰兒腳先出來之生產方式。
㈡**坦橫生**、**倒隔**：嬰兒手先伸出來，就像乞丐伸手向人要錢一樣。
㈢**坦敧生**：頭顱偏向一邊的偏差。
㈣**坐斗**：臀部先出來。
㈤**乞丐生**：臍帶像背背包一樣出生的。
㈥**尿生**：一邊生產，嬰兒一邊撒尿。此時旁

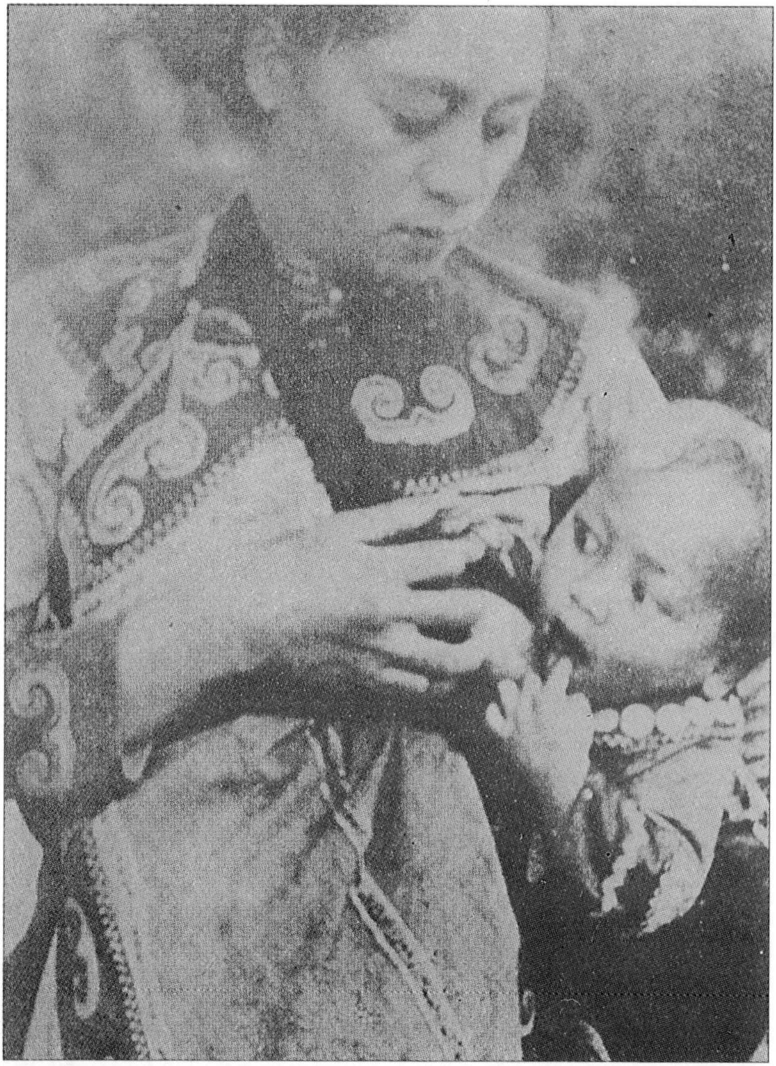

●育子的艱辛，不言可喻。（劉還月先生提供）

邊的人應立即拿茶壺或酒壺，隨著嬰兒的撒尿而不停灑水，直到嬰兒不再撒尿為止，方能去煞。

㈦帶素珠：臍帶繞著脖子生產者稱作「帶素珠」。傳聞如此誕生之嬰兒長大後命運甚好。若是再加上「血臍」（據老一輩婦人指稱，嬰兒臍帶皆用苧麻絲綁緊後，再予以剪斷。一般正常情況都不會流血，縱或有之，血亦不多。然若是剪斷臍帶後，血流不止的話，就謂之血臍），則這種嬰兒日後必是大富大貴之人。但也因這種人命太好，而被迫忌食牛肉，否則，將會因食牛肉而破壞原有之富貴命。

七、產後的照顧

產婦於產後，如不幸有虛脫現象，家人會以男性孩童之尿液混合米酒給產婦喝，今人為求衛生，多改用人蔘湯來滋補身體。生產對母體言之，畢竟是件耗費元神之事，故而有「產前補胎，產後補月子」之俚語，及「生產一次，掉落一朶花」的說法。

產後最重要之工作即是「壓腹」（閩南語發音），也就是整理好腹部。一般而言，家庭經濟小康者，乃以兩個「桔餅」（柑橘類的砂漬）、四兩麻油、雞蛋一併炒食。若經濟情況稍差者，則以雞蛋煎麻油佐食。更等而下之者，則以「三把米」（昔時米糧來源不易，本地據說亦僅金沙鎮斗門村附近略有出產而已，故是窮苦人家平日根本吃不起，此言三把意即少量）熬粥壓腹，或僅煮點麵線充饑。尤其是日本人占領金門那段期間前後，艱苦歲月點滴迄今仍令老一輩者不勝唏噓！

有的產婦在產後，會面臨到一種叫「血母痛」（產後的肚子痛）之痛楚，此時，絕不可用一般情況來處理，應立即前往中藥店購買「紅花」，再和豬肝、麻油炒食。因此法療效神奇，藥到即能病除，又不具其他副作用，頗值得嘗試。

肆　產後的賀儀

產婦在產後一個月期間，完全不事勞動，須靜待寢室休養，也絕對不能外出見風受寒，而且要天天吃最營養之補品，此謂之「做月內」（坐月子）。至其寢室就叫「月內房」或「散房」，一般人不得隨便進入。

一、做月內（坐月子）

在做月內期間，爲使產婦身體儘早復元，多要盡量進補，即或是平時省吃儉用之國人，此刻亦會毫不吝嗇花用。舉凡雞肉、豬肉、豬內臟（肝、心、腎……等）皆紛紛出籠，燉煮炒炸，更是樣樣齊全。這其中又以雞肉爲大宗，比較富有人家，一次「坐月子」下來，光是活雞就吃掉二、三十隻之多。

至於吃法則因人因俗而迥異：客家人大都以麻油雞酒爲主；閩台也有部分地區習慣相若。然金門地區則盛行「積雞液」，即是以一斤多到兩斤之間未生蛋之雌雞（公雞亦可，但效果上差了許多）殺妥後，用小刀割下肉片，再將骨頭搗碎，然後裝在磁碗內燉煮（肉放碗內，骨頭置於碗蓋上），熬出一碗左右的純雞原汁。放置碗蓋上之肉渣則予丟棄，或由旁人食用，產婦則只吃碗內之肉和湯而已。這種湯汁不用加佐料，卻因肉質與骨髓盡然滴進，其味自然香氣馥郁。

產婦於月內期間，最忌感染上「月內風」——即受風寒感冒之謂。俗語云：「鹽能生風」，因而產婦最好少吃鹽。又民間咸認「薑母能去風」，所以「做月內」期間，「薑」是一種不可或缺之必備佐料。

產婦於月內期間，另有一項大忌諱，即是不得任意碰觸生水，是以洗衣……等工作當盡力避免，即或洗澡，亦須以煮沸之水冷却後爲之；如能在水中加放與產婦年齡相同數目的龍眼乾殼同煮，更能袪除風寒，增進產婦健康。同時，切忌洗頭髮，一般認爲「做月內」洗頭髮，容易得「頭風」。凡是「做月內」罹患的痛風，據聞群醫均感束手，亦無法根治，唯有等待下次坐月子之時，仔細調養，始能痊癒，因此不可等閒視之。

此外，一切生冷食物亦在禁止之列。尤其是喝水，或食用西瓜、白菜、蘿蔔等涼性食品，對產婦而言，深礙健康，頗爲不利。所以金門地區的產婦，「坐月子」期間泰半以「龍眼茶」（龍眼乾熬出來的汁）替代開水飲用，有些則燉黑棗、紅棗茶進補。

金門雖然只是一蕞爾小島（含大、小金門），然在慶生禮俗方面，因地域差別亦有顯著不同。從懷孕到生產這段過程之禮俗，大致上雷同；唯自「坐月子」以後，即因各地之差異而出現程度不等的變化。筆者爲求統計上之便利，特依其不同特色而區分爲三區：

金城、金寧區——大金門（前面）

金湖、金沙區——大金門（後面）

烈嶼區——小金門

據金門父老指出，大金門在傳統稱呼上，大致可分爲「前面」和「後面」兩部分。「前面」即爲本文所指之金城、金寧區；「後面」即爲本文所指之金湖、金沙區，此兩者在禮俗上均以「瓊林村」爲分野。在整個慶生禮俗方面，其繁簡程度，以金城、金寧區爲最，金湖、金沙區次之，烈嶼區（小金門）則最簡化。但烈嶼區（小金門）在簡化當中又以十六歲成年禮獨具特色。以下各單元將依此標準逐一介紹，希望能從各地區的禮俗比較之中，得出金門全區慶生儀俗之端倪。

產婦於喜獲麟兒之後，總會迫不及待，立刻差人前往娘家「報喜」（傳喜訊）；若是生女兒，則只託人稍個口信而已。在農業社會重男輕女情況下，生男育女眞有天壤之別。而娘家在接獲喜訊後，如係頭一胎，不論生男生女，都要前往祝賀一番，並準備一些「補品」爲初做人母的女兒滋補身體。至於禮俗之繁簡，則因各地的不同，而稍有差異。

金城、金寧區

娘家「做月內」大致分爲三次，依序是六日、十二日、十八日各一次（亦有三日、六日、九日、十二日、三十日各做一次者）。

六日（第一次月內）：要準備「六色」——猪肉、猪心、腰子（猪腎）、猪肝、水果、餅乾。

十二日（第二次月內）：要準備「八色」——猪肉、猪心、腰子（猪腎）、猪肝、水果、餅乾、雞蛋、龍眼乾。

十八日（第三次月內）：要準備「十二色」——猪肉、猪心、腰子（猪腎）、猪肝、葡萄、餅乾、雞蛋、龍眼乾、麵線、麻油、酒、雞。

以上是生男兒之「做月內」情況，若生女兒時，則不論是六色、八色或十二色，均應有猪肚（意即換肚）和公雞（意義與豬肚同）兩種。當然，如此琳琅滿目食品的並非一成不變，只要湊足件數即可，變化之妙，存乎一心，但應記取每一次物品均要比以前一次多爲原則。

金湖、金沙區

娘家爲女兒「做月內」只有一次，而且是選在十二日這一天。件數亦較有彈性，有八色、十二色、十六色不等，可自行斟酌。種類則有：猪肉、猪肚、猪肝、猪腎、猪心、麵茶（以猪油、麵粉、砂糖、葱頭等物品置於大鍋鼎中炒製而成）、麵線、一貼補藥、高麗蔘、一隻活雞（生男嬰用未生蛋之母雞，生女嬰則用公雞，意即日後容易找到結婚對象）麻油、餅乾、水果……等，只要湊足偶數件便行。

上述「做月內」食品因係來自娘家，身爲女兒者自可照單全收。唯其中有兩樣東西，習俗上必要各留一部分，供娘家人攜回。其一是麵線務留兩糰，表示「長來長去」之意。其二是猪肉應留一小塊，意義爲「油（遊）來油（遊）去」。

烈嶼區（小金門）

小金門在這一方面，雖無這許多繁節瑣事，但卻有一件不成文禁忌：即初生嬰兒倘有任何顧忌之時，則向娘家「報喜」時間可延至一個月或一年後。這期間，女兒回娘家只能自個獨往，不能攜帶娃兒同行。而娘家前來「做月內」的東西，亦無固定件數規定，完全依娘家經濟能力做定奪。凡是娘家送來之食品，女兒皆可全然接收，不用預留。

二、三日（三朝之禮）

「三朝」是小兒生後三日。吳自牧著《夢粱錄》說在這一天須給新生兒「落臍炙顋」；《杭俗遺風》則記錄了清代燒「太均紙」預測下一胎男女之風俗。晚近以來，台灣地區仍多保有「洗三」之習俗—在「三朝」當天爲新生兒洗拭身體。同時，洗澡水中必要放入「桂花心」（木樨花的心）、「柑葉」或「龍眼葉」和小石子。洗好澡後，再穿上衣服，即稱做「三朝之禮」。金門地區的「三朝習俗」十分簡化，因爲

●金門地理略圖

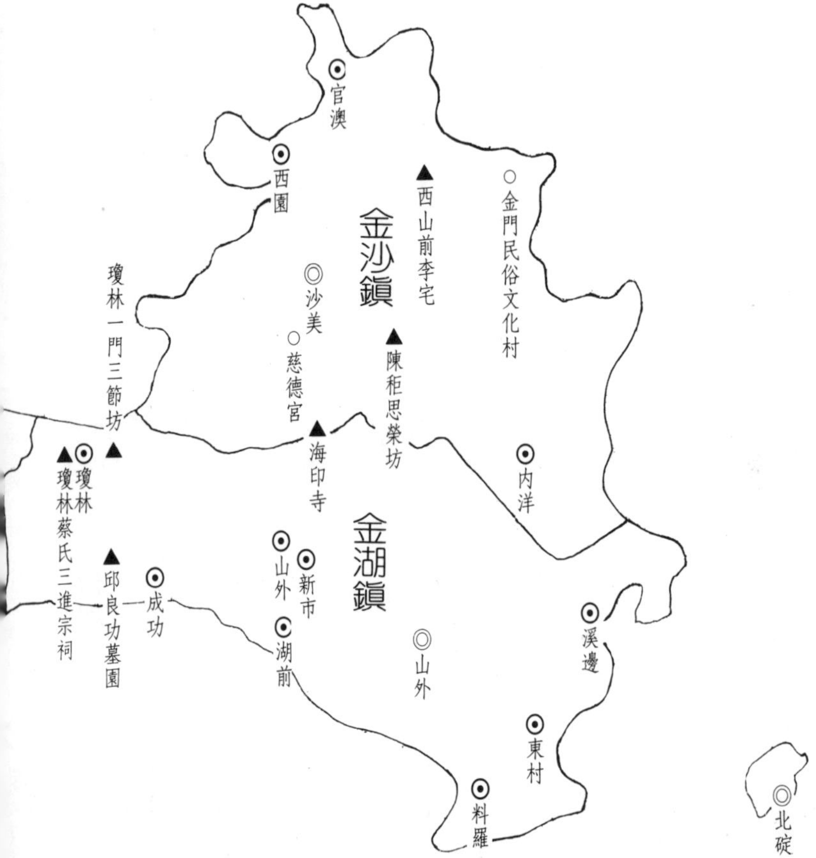
官澳
西園
西山前李宅
金門民俗文化村
金沙鎮
沙美
慈德宮
陳秬思榮坊
瓊林一門三節坊
瓊林
瓊林蔡氏三進宗祠
海印寺
內洋
金湖鎮
山外
新市
邱良功墓園
成功
湖前
山外
溪邊
東村
料羅
北碇

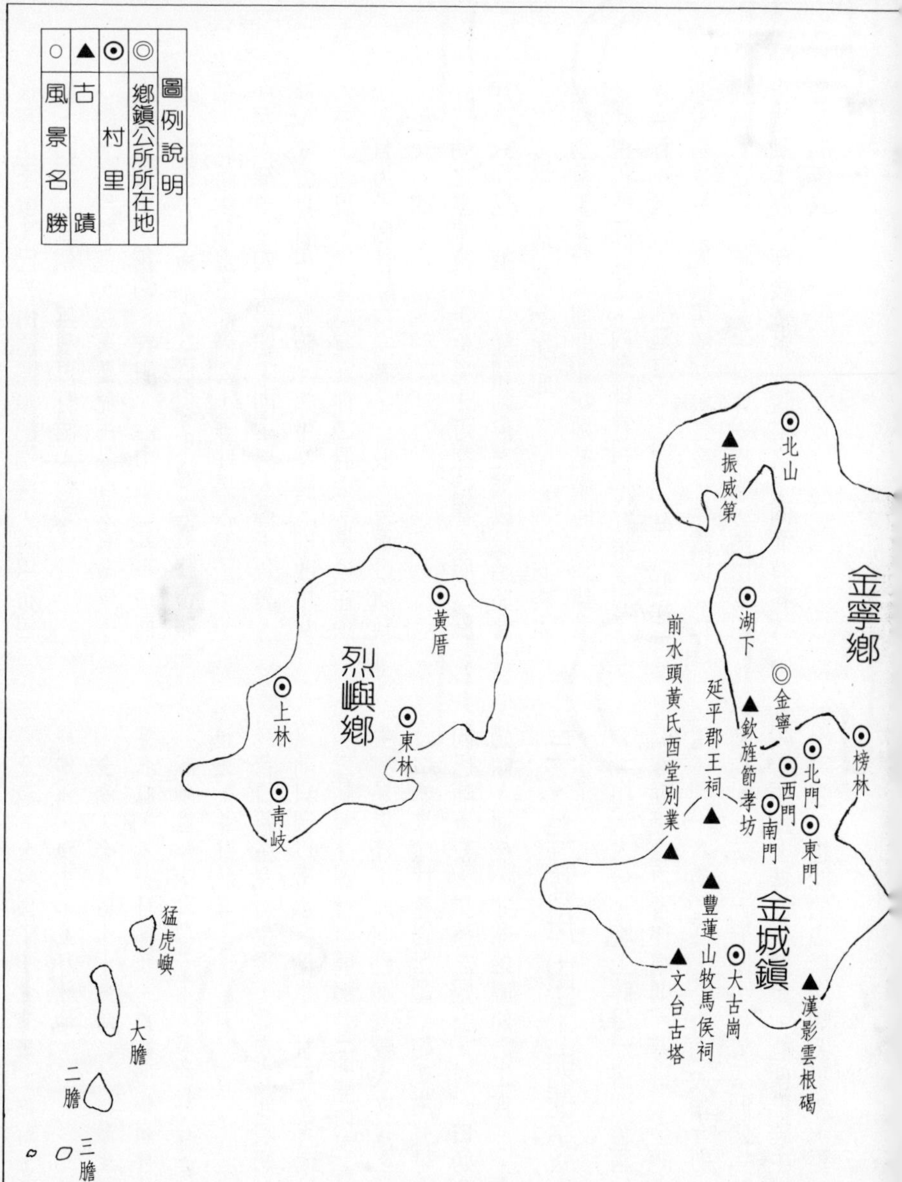
圖例說明
◎ 鄉鎮公所所在地
⊙ 村里
▲ 古蹟
○ 風景名勝
金寧鄉
北山
振威第
湖下
金寧
欽旌節孝坊
延平郡王祠
前水頭黃氏酉堂別業
北門
西門
南門
東門
榜林
金城鎮
豐蓮山牧馬侯祠
大古崗
文台古塔
漢影雲根碣
烈嶼鄉
黃厝
上林
東林
青岐
猛虎嶼
大膽
二膽
三膽

孩兒生下後，已先用溫開水洗過澡，再用布包裹，因而「三朝」無須再有洗澡儀式。

隨著時代演進，包裹嬰兒用品亦大有改善。由布而被單、花帕、衣服、浴巾……等不一而足。較窮苦人家則多撿拾穿用過之寬腰帶布褲，於新生兒誕生前備妥，一件男人褲子，一件女人褲子。如生男嬰，則用男人褲子包裹，據說才會具有男子風範。如生女嬰，則改用女人褲子包裹，才會擁有女性之溫柔。是以在金門若有男子個性較內向者，一般人皆會戲謔其「包女人褲」。

三朝之禮過後，新生兒才可開始穿衣服（僅穿上衣而已，褲子、被裙須俟理髮以後始能穿上）。這一天所穿之上衣叫「和尚衫」，布料且要特別裁製才行。傳聞新嫁娘結婚時，須穿著一件白色的「肚裙」，內懸排骨兩塊、紅蛋兩個，象徵骨生肉，子孫綿延之意。而這一件「肚裙」即為新生兒（僅限男嬰）誕生後，供裁製「和尚衫」之用。新生兒一旦穿妥衣服，隨由老祖母抱到大廳，而後依各地習俗之不同而有各式各樣的儀式：

金城、金寧區——煮油飯，抱新生兒到大廳拜佛祖、祖先，並拜牀母。

金湖、金沙區——煮油飯，抱新生兒到大廳穿衣服，不必拜佛祖、祖先，但須拜牀母。

烈嶼區（小金門）——煮油飯，拜家中佛祖、祖先，並拜牀母。

昔日新生兒誕生後，並未立即哺奶，「三朝」以前只餵以蜜水、糖水、甘草水等湯汁，直至「三朝」才舉行「開鐏」（即開口之意）。如新生兒是男娃，即向已哺養較大女孩之母親，要一口奶來塗抹產婦奶頭；如新生兒是女娃，則向已哺養較大男孩之婦女，討一口奶來抹產婦奶頭，而後，才開始餵奶之工作。

三、拜牀母由來與傳說

「白天人母，晚上牀母」這則諺語，素為民間傳誦不止之育嬰準則。昔日，金門小孩在誕生後到十六歲「成丁」（意即成年）前，俗稱「花園內」，這一段期間，小孩皆須仰仗「牀母」之妥善照顧。據說「牀母」能使熟睡中之嬰兒露出笑容，也能使之無端啼哭不休，更能使嬰兒進入甜蜜夢鄉，快速地長大。因而只要有小孩的人家，莫不忘向她老人家巴結一番。尤當家中烹調佳肴美味，抑或萬家飄香時刻，便是最佳行賄之時。據老一輩婦人說：「牀母」最酷愛「香香的東西」，若不能適時敬拜，惹她惱怒，則嬰兒可能又要忽地哭啼不止。

在古代醫藥不甚發達時代，育嬰常識更是出奇缺乏。據言當時嬰兒最易罹患之病，即在未長牙齒之牙齦上腫起小水泡，除開啼哭、拒吃奶水等影響外，情況嚴重者，甚或危及性命安全。而最大危險期就在俗稱「臘順日」之三日、五日、七日、九日、十二日等時刻，過了十二日之後，危險性即相對減低。當時民間傳統療法乃用婦人髮髻上之尖形飾物，將腫泡戳破，再以食指沾香灰或地上塵土，在傷口上塗抹。此種鄉土療法，以今日眼光觀看，實爲不可思議，但說也奇怪，這種原始落伍醫術，據說不但普及，而且療效奇佳。

嬰兒夜啼，本是一種稀鬆平常之事。最可能的解釋即爲受到驚嚇，或是身體不舒服。但古人竟全歸諸於「牀母」之不悅，致使娃兒生下來後，就得常拜「牀母」。尤以三日、五日、七日、十二日等「臘順日」，更是疏忽不得。往往每隔三、五天拜一次，時間上並沒有硬性規定，只要家中有較好食品，即可敬拜如儀。滿月後，每月之出生日援例要拜，逢年過節更是少不得，尤其在農曆七月初七「牀母」壽辰更要隆重禮拜。

拜「牀母」一般都在午後五、六點左右，祭品毋須太多，一碗飯、一雙筷子、一點小菜（如豆腐、芋頭、麵線、肉類等）擺放在牀，即可敬拜。但嬰兒必須事先抱開。平日敬拜神明，總要經過焚香、獻酒、擲筊等手續，時間上可能較長，然拜「牀母」則大異其趣；爲使嬰兒早日長大，祭拜時間越短越好，紙錢也僅三、五張。據人們盛傳：用豆腐拜「牀母」，孩子最容易長大。當然純係無稽之談，毫無理論根據，前輩們姑妄言之，咱們後生小輩亦且姑妄聽之吧！

至於爲何要拜牀母，「牀母」又是何許人也？據云從前有一位名叫郭華的書生，於上京趕考途中，巧遇一位賣扇俏姑娘，兩人一見鍾情，不幸好事多磨，郭華竟於當夜客死女友家中。賣扇姑娘爲恐被人發現，而埋屍牀下，並常準備飯菜供奉郭華亡魂，其後並生下一子。鄰人於奇怪之餘，遂詢問爲何賣扇女總是向牀禮拜，賣扇女答稱：「我供拜對象謂之『牀母』，俾讓孩子早些長大成人。」，爾後，「牀母」習俗即不脛而走，並流傳至今。孩兒愈小，祀拜「牀母」越繁，反之，則相對減少。

四、命名

嬰兒出生後數日之內，須由父執輩「號名」（命名）。以往在教育並不普及的金門，命名對大部份目不識丁之父母而言，不啻爲天大難題。若是族人當中，有飽讀詩書者，自可爲其代勞。但一般大衆只好針對嬰兒特性及周遭景物而予命名，因之名字雷同者比比皆是。然在此不規則的特質下，筆者發現這亂中仍不失其序，仔細觀察，仍可歸納出特性來：

按世序命名：也叫「號字代」，即依姓氏之不同，由祖先選定世代序名，載之於族譜之中，每一代男子（女性不在此限，這又是重男輕女的另一寫照）應依同族世代預排之字命名。試以楊氏爲例，其子孫名字中間第一字的排列依序爲……允、篤、誠、忠、肅、恭……便是目前最常見的「字代」。此種命名方式只要觀其名，即可知其輩份，可謂井然有序，在金門地區觸目可見。

按五行命名：所謂「五行」，就是金、木、水、火、土。配上十個天干和出生月日時，也可以決定一個人的名字應該叫什麼。習俗上稱甲乙是木，丙丁是火，戊己是土，庚辛是金，壬癸是水。命名時可依其干支之所屬，補以其所缺，以求更爲完美。例如甲年丙月戊日庚時生者缺「水」，甲年丙月庚日辛時生者缺「水」、「土」，則前者可取名「海水」、「東海」、「溪水」等，後者則可取名「水土」、「土水」等。有些乃直接在所命名字上，自加缺乏的五行—金、木、水、火、土作偏旁，而另行創字。筆者在學生名字當中發現是類案例很多。有時遍查工具書仍不得其讀音，此時唯一的方法即是請教學生，看家長怎麼唸，來個依樣畫葫蘆。這種情況在以往，問題尚不嚴重，唯在今日資訊發達時代，透過電腦處理各項資料已成必然趨勢，若自行造字，則必徒增無限困擾。

按壓勝命名：這種命名法在民智未開期間相當普及。因以前生育子女不順利，或經「算命的」卜定爲命運不好者，則以壓勝來冀望子女「好腰飼」（無災無難到公卿），於是這種命名方法乃應運而生。壓勝的意思即爲厭惡於某種事情，乃制壓此事之邪神，求轉不利爲有利。

此類命名多用於「乳名」，故多取卑賤者爲用。如猪屎、撒尿、糞燥（垃圾）、狗屎、尿猪、查某龜、乞食、招弟（希望能在下胎生個兒子）、罔市（尙可養育）、罔腰（尙可養育）、閹雞……等。

按形態命名：此法是根據新生兒的長相及其特徵予以命名。例如身材高瘦者取名爲「蘆筍」、「高粱」、「竹竿」；頭大者爲「大頭」；粗眉大眼的爲「大目」；皮膚黝黑者爲「黑皮」。其他如潤嘴、紅毛、大鼻、石頭、土蛋……等不一而足。

按其他方式命名：除了上述原則外，其他尙有如應夢命名者、觸景命名者、因時因地而命名者，眞是五花八門，不勝枚舉。

五、十二日

「十二日」非但要辦酒席大宴賓客，且要煮油飯餽贈親友。規模較小者，只要備一籃「油飯」送給娘家當做來「做月內」的「壓籃」之用。排場較大者，則在事前買妥三、四袋（每袋一百斤）糯米。事先煮好或蒸好（約七分熟後，拌以猪油、花生油、蔴油、醬油，再於上方酌加粉紅色食用染料染好的紅花米即成油飯），運至外家（娘家），請娘家人代爲烹飪，再分送給娘家之親友。受贈者若是至親好友，則要回報以紅包或金飾；若是一般鄰居，則只要答以生的五穀（大麥、小麥、豌豆、花生等可發芽滋生的作物），取其子孫綿綿不息涵義。

「十二日」的重頭戲除煮「油飯」外，接下來是大開喜筵，酬謝賀客，不論何地，「十二日」的禮俗均大同小異。當天，一切「親戚五月」（親友）在事先知悉之餘，都要備妥禮品前來慶賀。賀禮多寡及內容並無嚴格限制，或是三件，或是六件不等，禮品則概以雞、猪肉、餅乾、酒、水果、麵線、雞蛋為大宗。帶雞者即不用帶豬肉，兩者可任選其一。如今亦有人將之簡化，代之以雞精、保力達P等。唯在此儀式中，仍有兩項小禁忌：

(一)家中若有人懷孕，則絕不可用麵線當「做月內」之賀禮，以免被對方「長去」（意即被對方佔盡好處）。

(二)送豬肉時應該特別留意，以往肉商皆以「鹹水草」（一種自然生長於河川地之植物，割下陰乾後可當繩子使用）綁肉，爾今已都改成紅色塑膠繩。如是生男嬰，則肉上綁繩子無妨；如是生女兒，則千萬不可在豬肉上綁繩，否則有詛咒對方生「一大串」女兒之嫌，這又是民間重男輕女的一項證驗。

六、理髮（落胎髮）

「落胎髮」的習俗始於何時，已無從考證，然這禮儀一直延續至今則是可確切之事。同是落胎髮，各地的作法卻不盡相同。據載中國北方人習慣將剃下的胎髮用紅布包妥，縫在小兒枕邊，藉使小孩避免受到驚嚇。台灣地區舊俗

●落胎髮後未戴帽的嬰兒。

將落胎髮時間定在產後二十四天，或滿月之時。行廿四天者，乃取廿四孝之意。

剃髮之前，須將煮過雞蛋和鴨蛋的熱水少許，倒進洗臉盆中，再放入石頭一塊、錢十二文、蔥少量、雞蛋一個。然後，將蔥搗碎，以其汁澆注嬰兒頭上，再把蛋黃塗抹嬰兒頭髮，待水稍溫後，就由理髮師傅剃去頭髮。至於洗臉盆中放置的物品，均取其象徵意義。如石頭表示嬰兒頭殼硬如石，錢則代表富貴，蔥可使頭髮長得又濃又黑，蛋黃則可洗去污垢。

金門地區在是項習俗上，除時間先後稍有不同外，差異並不大。

金城、金寧區：落胎髮時間男嬰是二十四日，女孩是二十二日；亦有男嬰訂在二十六日，女孩二十四日者。事前應準備「經界」（一種藥名，向中藥店購買即可），而後將之滲入溫水中洗頭。據說這樣可使小孩不怕風寒。除此之外，還要準備卵石、雞蛋、鴨蛋、秤錘、十二個銅錢。待一切準備就緒後，始可開始理頭髮。理後，並將洗頭用的水潑在十字路口，象徵孩子長大後，能事事順心、如意。理下之胎

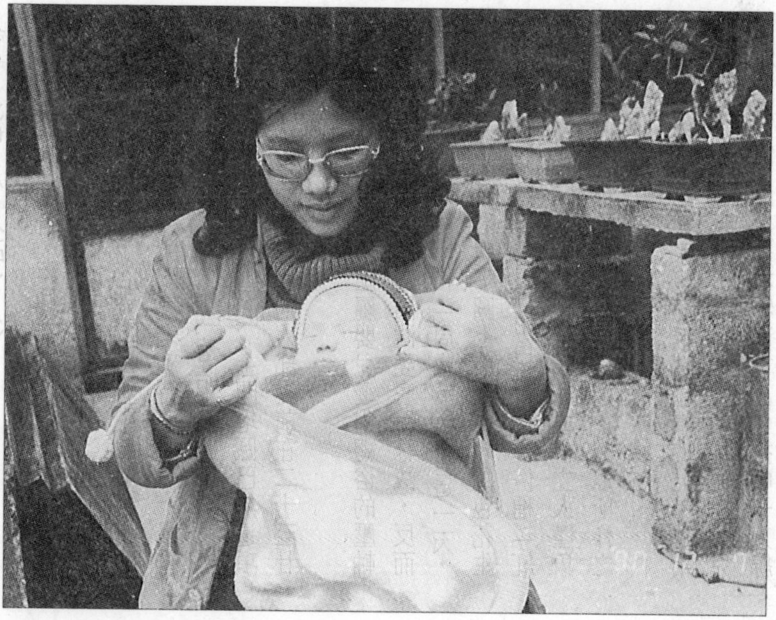

●落胎髮後戴線帽的嬰兒。

髮，宜用紅紙包妥後藏之於石縫中，傳言這般做法可使嬰兒的頭堅硬。之後，復以糖果、紅蛋餽贈親鄰。此分贈糖果、紅蛋予親鄰之舉，金湖、金沙、小金門等亦同。

金湖、金沙區：落胎髮時間比金城、金寧早些。男嬰二十二日或二十六日，女孩則提早到十八日。一般以爲女嬰提早理髮，可讓女性心較軟，較富有同情心。理髮前要準備物品如下：秤錘、白銀十二個（銅板亦行）、糖果少許、一本書及煮熟的雞、鴨蛋各一個。首先將煮熟的雞蛋剝開，象徵性地在嬰兒頭上滾一滾，口中並喃喃唸道：雞蛋身，鴨蛋面，好親戚，相叫亭（意即可以早日找到理想的結婚對象）。事後將水潑在十字路口，並用書將胎髮夾起，作用在使孩兒日後更睿智、機敏。

烈嶼區：落胎髮的時間，不論是男嬰或女孩，一律定在產後二十日。準備的東西與金城、金寧區大致相同，如今簡化結果，一般人只在嬰兒落胎髮當天煮些紅蛋，買些糖果分送親友而已，其他的繁文縟節，當地人都已印象模糊，不復記憶。

七、滿月（彌月）

生產滿一個月叫「滿月」，滿月時所作的慶賀儀式叫「做滿月」，也稱作「彌月之喜」。各地計算滿月方式不一，但一定都在三十天內爲之。據《夢粱錄》所記，宋朝時「滿月」最重要的節目爲「洗兒會」和「落胎髮」，「洗兒會」後經演變成前述的「洗三」。金門地區已無這項習俗。至於「落胎髮」則大部提前在二十至廿四天爲之。

「滿月」在台灣地區屬嬰兒慶生禮俗的壓軸好戲，在金門則因「好酒沈甕底」緣故，反而較爲重視「四個月」和「周歲」。滿月這一天，主人須用糯米做形狀下圓上尖之粿，內包花生餡，並將外觀以粉紅色食用色素染色，俗稱「紅圓」。親朋好友則以紅粿和衣飾往賀，主人僅象徵性地收取紅粿兩對，餘均辭還，並以所作之「紅圓」回謝賀客。

是日，產婦的娘家也必派遣產婦的兄弟，給小外甥送「頭尾」來。所謂「頭尾」，即指嬰兒從頭到脚所穿的全部衣物而言，包括帽子（線帽）、全套衣服（含內外衣、襯衣、風爐褲、外套）、手帕、銀牌（胸飾）、金鎖（胸飾）、手鐲、脚鐲、鞋襪……等。這種習俗在金城、金寧、的娘家須準備十二件。若生男娃，婆家乃以油飯回贈。至於金湖、金沙、烈嶼鄉皆無滿月的慶祝儀式，娘家自可省掉一次麻煩。

一般而言，滿月當天產婦援例得攜帶新生兒回娘家省親。唯此習俗在烈嶼鄉有一項特別規定，即新生兒若有禁忌（較爲貴氣），則滿月當天就不可被帶回娘家，產婦因無忌諱，自可隨意來去。據烈嶼鄉親言，有的嬰兒甚至需到周歲以後才回「外家」。

在回娘家途中，產婦必須拿一塊尿布夾在「花帕」當中，於往或返半途丟於溪水邊，以求孩子將來更有「清潔相」，更愛整潔。嬰兒抵達外婆家，必先奉敬外祖父母「油飯」。簡單者，由婆家煮好裝一籃即可；隆重者，則依娘家親朋人數多寡運送足量糯米，借重娘家親鄰幫忙烹調分贈。唯這種煮油飯餽贈親友的習俗，在金湖、金沙已放在「十二日」舉行。

新生兒第一次到外婆家做客，臨行前應於額

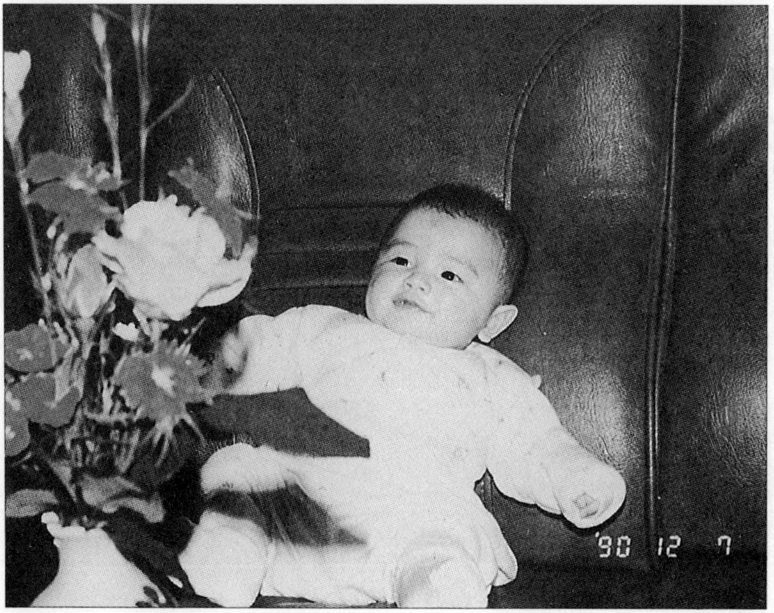

●滿月「做客」的新生兒額頭上點「銀硃」。

頭正中央擦一點鍋底灰，兩邊手掌心及脚板中央則要點上花生油，老祖母一邊點，口中一邊要唸吉詞：「犁頭戴鼎，給舅舅請」；「犁頭戴鼎，子生子」。然後，帶著糖果、柚子、花生油（象徵油「遊」來油「遊」去）……等禮物，風風光光的出發。在外婆家待上三天後才返回。回程前，外婆須在嬰兒額頭點上銀硃（紅色），手心及脚板則同樣點上花生油。此種習俗的確有其意義存在，畢竟小生命的誕生，及其往後所扮演之角色，將使兩家今後來往更熱絡，更交融。

外家在外孫誕生以後，從「做月內」（金城、金寧有三次，更考究的甚達五次），到滿月、四個月、周歲，光是這些「頭尾」就得花費數千到數萬元不等，而且數量一次比一次多：滿月的「頭尾」十二件，四個月十六件，周歲則高達二十至三十件，或是更多。這般情形於經濟繁榮之今日，可謂稀鬆簡易，不成難題，但換成昔時農業社會，謀生本就不易，無故加上這許多「額外負擔」，豈非雪上加霜？無怪乎在重男輕女觀念作祟下，古人多有將親生女兒丟棄於海之不義舉動。想想還眞透露出多大的無奈！

產婦於「做月內」期間，終日要坐或躺在「月內房」（散房），萬一不愼外出，恐會冒瀆到神佛，因而爲避免發生此項不敬的行爲，一切飲食都由他人代勞，直到滿月這一天才能「重獲自由之身」。然有這種禁忌的，也限於家境較好的人家，一般貧窮人家鑑於人手缺乏，儘管在「做月內」期間，仍須照樣下田幹活，如此景況在鄉下地方屢見不鮮。

八、四個月（百晬）

小兒生後一百天叫「百晬」或「百碌」，《夢粱錄》只以「生子百晬即一百日，亦開筵作慶」幾語帶過。北平習俗也作「百歲」；百日作「百歲」，大概是取其「長命百歲」之祥意。

金門地區舊俗不作「百歲」而作「四月日」。這天要準備牲禮和桃形紅粿來祭祀土地公、佛祖及祖先諸神佛。這種桃形粿和滿月的「紅圓」及周歲之「紅龜粿」，用料均同，僅形狀有異而已。做法是先將糯米洗好，再加水浸泡，約晚上時分，將水份瀝乾，次晨，僱人用牛拉石磨將米碾碎；而後，加入煮熟地瓜混合搓弄。因須整村齊送，數量頗多，概由左鄰右舍叔嬸、姨婆等共襄盛舉。男人做踏粿或搓粿等較粗重工作，女人則負責包餡、做形和蒸煮。爲求式樣美觀，普遍以「粿印」壓製。用「粿印」印粿時，應由粿印中間部份捏起，再將力道擴及到四周，如此印出來的粿形才能飽滿亮麗。

現今，隨著生活水準之提昇，和西式糕點之流行，人們求簡便之餘，多改向糕餅店訂購蛋糕替代，孩提時代那份一家有喜，全村洋溢喜氣、歡樂之「做粿」或「煮油飯」盛況，已不復見，即那象徵著先民智慧累積之粿品亦漸式微，而爲人所淡忘。

娘家在這一天要爲外孫準備「頭尾」。此部份各地都差不多，獨有金城、金寧區較爲隆重，得備足十六件外，其他地區均無限制；除了馬褂、褂尾帽、頸圍是必備品外，其他則可視有無增減。「頭尾」的細目。男嬰與女嬰的差異如下：

男嬰：狗衣服、馬褂、頸圍（麻奢）、褂尾帽、

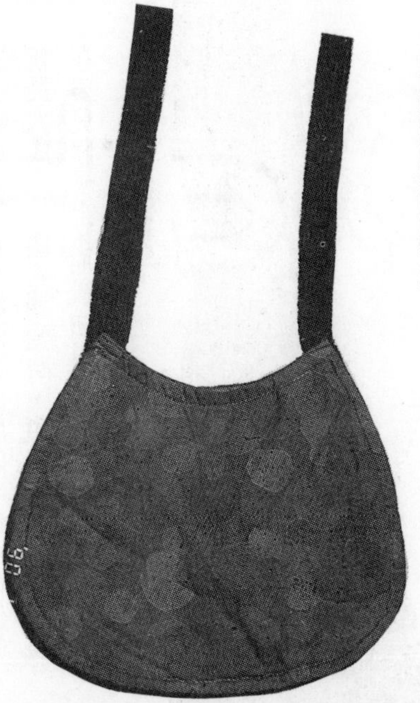

●女嬰用的頸圍叫領托。

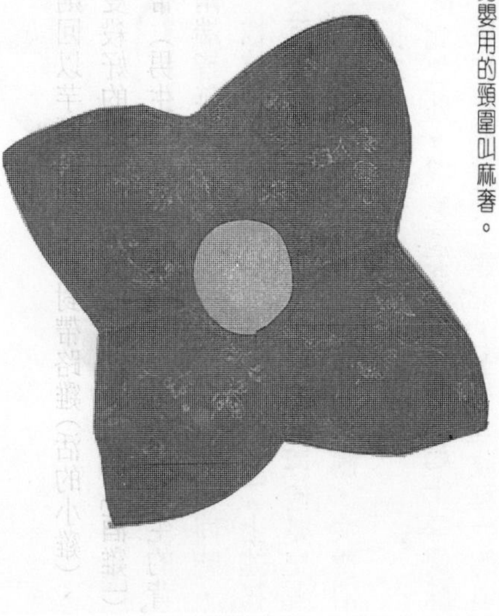

●男嬰用的頸圍叫麻奢。

肚兜（兜內放紅包一個）、被裙、襪、上衣、內衣、手帕、金飾、手鐲、手環、戒指等，數量並無固定，另一串收涎用餅乾十二個。

女嬰：領托（男嬰用的叫「頸圍」，也叫「麻奢」，是由四片布料縫製而成，其意就是希望子孫滿堂。但因有重男輕女的偏差觀念，為防止一直生女兒，是以在頸圍的使用上自然應該有所區別）、襪、畚斗帽、短衣服、上衣、手鐲……等。

四個月這一天的油飯仍然少不了，唯不必再餽贈親友，但必須送給娘家，有些則率性載送材料至娘家烹飪。此外，還要帶花生油、豬油、麻油、一隻宰殺妥當的雞（雞內部放麻油）。娘家則回以芋頭、韮菜、一對帶路雞（活的小雞）、一隻殺好的雞（內部放酒，即所謂的「酒雞」）背帶（男生的背帶一端縫有一小袋；女生的背帶兩端皆無袋子）、花帕、衣服、長衫。同時，用一枝竹製掛鈎扁擔掛上一串「麻奢」。上述物品送至婆家後，先替新生兒更衣，再抱嬰兒坐在「椅轎」上面，男嬰臉向客廳內側，女嬰則面向相反方向。

除此之外，娘家還要用白線串起十二個酥餅，用竹製扁擔帶至婆家，舉行「收涎」的儀式。意思是替嬰兒解決流口水的毛病，俾使順利長大成人。儀式開始時，須先將酥餅整串掛在嬰兒脖子上，而後由肖虎（註一）之親戚開始

●嬰兒背帶。

「收涎」。接由肖馬者接替。有的在儀式開始前，先用兩個包子或「米香」來包嘴，並隨手丟給野狗食用，希望去除口臭。

收涎者每人摘下一或兩片餅乾食用。邊摘邊要對嬰兒唸吉利話：「收涎收乾乾，明年生卵葩（男子生殖器）」，意思是把口水都收乾淨，明年生個小壯丁。或唸：「收涎收離離，明年生小弟」。或是僅說一句「賢大漢（意即快些長大成人）」。最後收涎者得順勢將白線拿下。總之，所謂「收涎」，即在做「四個月」時，用酥餅把嬰兒口水全收起來，使他像一個大孩子般發育成長。

九、搖籃、椅轎、母子椅

搖籃係製成如船一般的竹籠。在金門地區搖籃大致可區分爲兩種。其一是以繩索懸掛在屋樑上，籃底墊上棉被或衣服，做嬰兒的床；另一種則是將搖籃固定在木架上面，母親邊做針黹，邊唱搖子歌邊看顧孩子。

「椅轎」是孩子滿四個月時所坐的椅子。這種竹製的椅子四周圍以竹管固定，木製椅墊部分並挖了個大洞，方便嬰兒便溺，正前方部分還有一小平台，可供擺放玩具。

「母子椅」則須等嬰兒五、六個月以上才可以坐。此種椅子，顧名思義，就是大人、小孩兩相宜用。只要顛倒位置，便能提供不同程度的服務。晚近更有「學步車」的發明，對於嬰兒的學步練習，更是便捷得多。

有關搖子歌謠，名目衆多，以下略舉金門地

●掛於屋樑的「搖籃」。

區較通行者，以饗讀者：

㈠搖啊搖，一暝大一尺，
乖乖睏，一暝大一寸。

㈡搖金子，搖金子，
搖猪脚，搖大餅，
搖檳榔，來於請。

㈢搖啊搖，一暝睏到燒，
嬰啊嬰，一暝睏到天光。

㈣搖啊搖，跳過橋，
阿公鋤蕃薯，
阿媽幫挽茄。

㈤乖乖睏，一暝大一寸，
乖乖惜，一暝大一尺。

十、孩兒衣飾

每逢喜宴節慶，小孩兒頭上依例都得戴著各型帽子。大抵說來，新生兒於理髮（落胎髮）後，要戴上「和尚帽」。此帽以一尺二寸的黑布製作，並於頭頂兩側繫兩個小圓球狀的布結，帽沿正前方則繡上象徵吉利，用純金打造之「米篩、剪刀、尺」。滿月戴「線帽」，此帽亦因材

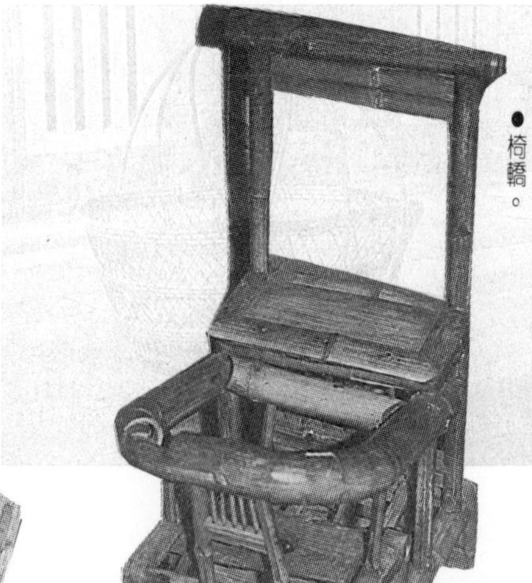

●椅轎。

●置於地板的搖籃。

料不同而有兩種不同款式，一種是毛線編織的，在額頭部分有五個球形裝飾，帽子後面尾端則如衣服披風般覆蓋住後頸部，一來保暖，二來爲美觀。另一種是以布料縫製，在額頭部份繡著許多美麗圖案。

周歲改戴「碗帽」或「帽箍」。碗帽由紅、黑兩色布料製成，共六瓣，帽狀如碗，故名，帽沿有一「卍」圖案，象徵富大命大，吉祥如意。此一圖案在嬰兒衣物上經常可見，尤其是外婆家贈送之「頭尾」，每一件皆要用紅絲線打上「卍」記號。帽箍是以黑布爲底，帽沿上下有繡圖滾邊，正前方則有動物圖形，深具立體感。帽子左右兩邊各有一穗子，穗子上方則置有叮噹響的銀鈴兩個，整個帽子成帶狀，後頭可以鉤上，略似老婦人護額的飾物。至於平常，有錢人家多戴上「虎仔帽」，此帽形狀如虎頭，帽前有飾金佛像或財子壽神像等，可惜這種帽子現在已難得一見。

在衣服方面，男嬰在「三朝」時，就開始穿「和尚衫」。是用新嫁娘陪嫁的隨身物「肚裙」改製而成。「和尚衫」只有上衣，沒有褲子，也

●母子椅。

●坐在母子椅上的嬰兒。

沒有布扣，僅用兩條布帶在背後打結。

滿月時，嬰兒衣服以風爐褲、襯衣、襪子為主。其中最具特色的是屁股部份中空的「風爐褲」。

「四個月」時，嬰兒的衣服相當具有特色：如狗衣服、夾衣褲、披風、襪褲、襪子、背帶、花帕、被裙、馬褂、肚兜、頸圍（男的稱「麻奢」；女的稱「領托」）、手帕（外婆在「頭尾」當中擺放手帕，目的是希望外孫能早些長大成人）、帶尾帽。其中最具特色的是「肚兜」，為繫在胸腹上之衣物，小孩滿四月時，外婆家送來肚兜即開始使用，延續到年老，男女均有，但顏色不同。孩童肚兜以紅色為主，中年人用白、青、綠等，老年者則用黑色布。其上均繡有代表福（蝙蝠）、祿（鹿）、壽（龜或壽字、萬字）等各色圖案，未婚者更在肚兜中間釘扣鉛錢一枚，以期盼姻緣由此鑄生，覓得好夫婿或賢內助。肚兜一概穿在緊貼身體處，即衣物的最內層。其前方有大口袋一個，小孩用以裝玩物或水果、餅糕，大人則用以裝放財物。肚兜現已無人穿用，但在嬰兒的「頭尾」當中，

●長衫。

●四個月及週歲用的馬褂。

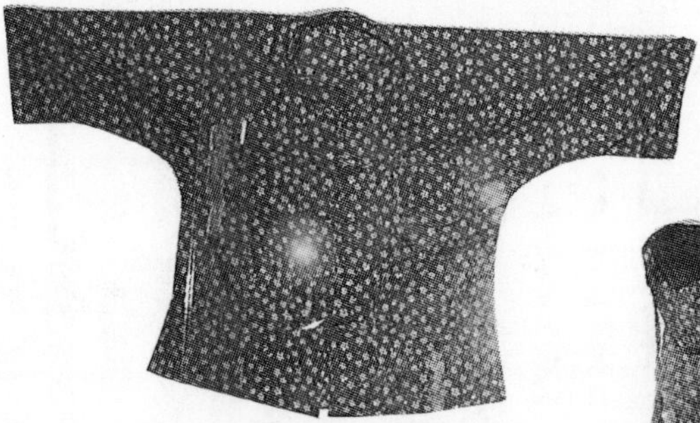

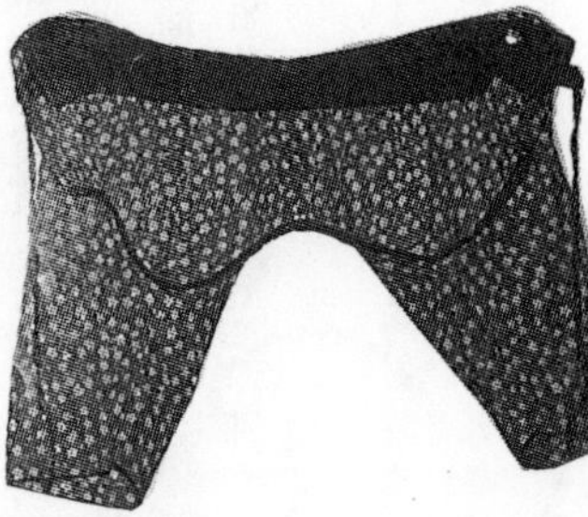

●滿月用的風爐褲。

●碗帽，週歲用。

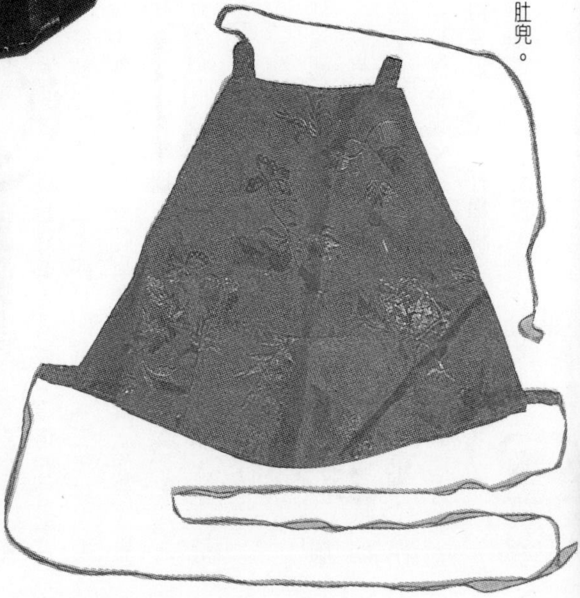

●肚兜。

仍少不了它的存在。

「周歲」時，嬰兒的衣服則以棉裘、鞋子（註二）、披風、長衫、馬褂爲主。抓周開始，嬰兒身著碗帽、長衫、馬褂（又稱「馬褂甲」）再穿上鞋子，儼然一副小大人模樣，煞是可愛。

在嬰兒衣飾方面，金門地區各地風俗大都雷同，並無顯著差別。

十一、周歲（抓周）

抓周又名「試兒」或「試周」，在嬰兒出生後一周年爲之；亦有提前爲之者；有些則在出生後百日爲之。各地風俗不一，擺置在嬰兒面前之物品亦各有不同。是日，父母得爲嬰兒設筵席慶祝，也象徵著天下父母對新生兒期望成龍成鳳之殷切，此種風俗一直昌盛不減。關於「抓周」，南北朝人顏之推於《顏氏家訓》中已有完整之記載：

「江南風俗，兒生一朞，爲制新衣，盥俗裝飾，男則用弓矢紙筆，女則用刀尺鍼縷，並加飲食之物及珍寶服玩，置之兒前，觀其發意所取，以驗貪廉愚智，名之爲『試兒』。」（註三）

宋代吳自牧《夢粱錄》提到杭州人給小孩抓周，得在廳堂舖設錦席，焚燒香燭，並將糖果餅食、祖父的誥敕、金銀財寶、文房書籍、佛道的經卷、秤尺刀剪、女工針線……等同放一起，抱娃兒坐在中間，看看先拿什麼東西以作爲將來命運之預兆。當日，親戚友好須致送禮品，嬰兒父母亦要以盛宴酬謝賓客。

「抓周」在慶生禮俗當中是主角戲之一，整個慶生儀式到此已達高峰。此般習俗在曹雪芹《紅樓夢》第二回中亦有記載：「那年寶玉周歲，賈政把世上最好東西盡擺在寶玉面前，豈知賈寶玉皆不屑一顧，獨鍾愛脂粉釵環……」，無怪乎日後躋身女人國中，緋聞不斷，也才衍生《紅樓夢》所述交錯盤結之愛情故事。

台灣的抓周習俗訂在周歲當天，由「外家」扛送禮物來道賀，小孩的父母在神明前放一個大竹篩，篩內擺放十二種物品，而後讓盛裝的孩子坐在竹篩中，隨他挑取一、兩種東西，作爲預測將來命運和前途之依據。儀式進行前，得先以牲禮和紅龜粿祭神佛和祖先。

抓周習俗在台閩兩地十分相似，一般都只有

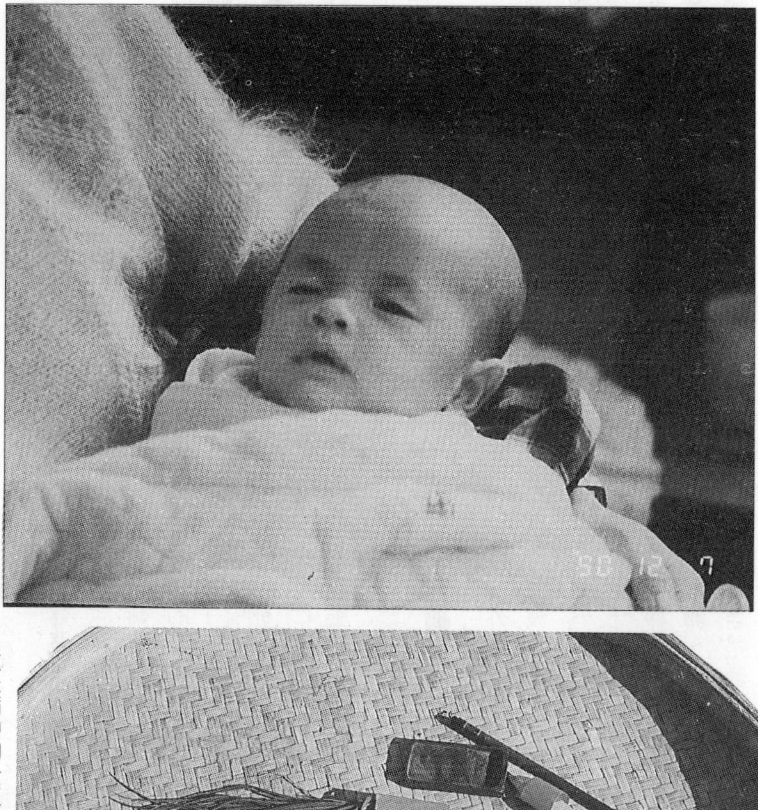

●衣服上繡「卍」象徵吉祥如意。

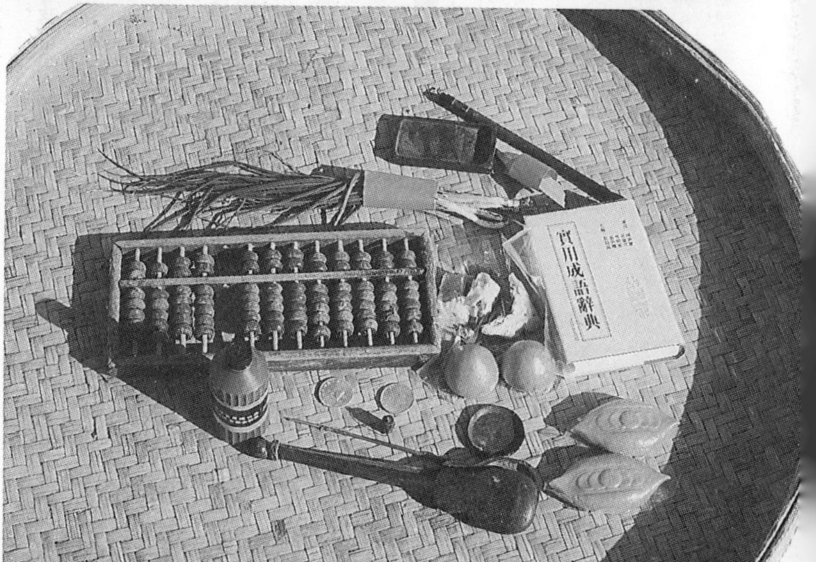

●大米篩中的十二樣抓週用品。

男孩才進行，而且相當隆重，尤其是長子必定行禮如儀，次子以下則或有或無。如頭胎生女孩，則儀式就簡單得多，抓周用品同樣是十二件，但其中兩樣須代之以剪刀、尺。

金門習俗在小孩周歲當天，先敬拜佛祖、土地公，並燃放鞭炮，以示慶賀。接著，準備一只大型米篩置於大廳地上，並準備各種相關物品。唯各區情形大同中仍有小異，分述如下：

金城鎮、金寧鄉

外婆家在小孩抓周這一天應爲外孫準備和「四月日」一樣的「頭尾」，唯數量須比前者多，十二件、十六件不等。其中包括長衫、馬褂、金飾（手鐲、項鍊、戒指）、碗帽、鞋、襪、衣服等。內家則準備十二件「抓周」用物品。抓周物品並非一成不變，在金城鎮、金寧鄉即出現兩種不同內容：

㈠秤、書、算盤、雞腿、葱、一個雞蛋、一個鴨蛋、白銀（一對）、柴（俗稱「名」）、墊脚龜、硯。（註四）

㈡秤、書、算盤、筆、雞腿、葱、紅蛋、石頭蛋、銀、油柴（或木炭加紅紙條）硯、墨。

金湖鎮、金沙鎮

外婆家須準備十二樣至二十樣之「頭尾」，項目包括：長衫、馬褂、碗帽、鞋、襪、衣服、金飾（金項鍊、戒指、脚環）……等。內家準備的十二件抓周物品，兩種內容如下：

㈠秤、書、算盤、筆、雞腿、葱、紅蛋一對、白銀（一對）、硯、墨、猪肉、印章。

㈡秤、書、算盤、筆、雞腿、葱、紅蛋一對、白銀（一對）、硯、墨、名（木柴）、紅龜粿（四至六個）。（註五）（表一、二）。

烈嶼鄉

外婆家仍須爲外孫準備「頭尾」，唯件數方面並沒有固定數目，然長衫、馬褂、碗帽、衣服、鞋、襪、金飾，則是少不了的物品。內家準備的十二種抓周物品如下：

秤、書、算盤、雞腿、葱、紅蛋（一對）、石頭卵、白銀（一對）、名（柴）、硯、墨。

若是經濟能力較好的人家，在周歲當天，甚

表一 台灣和金門的抓週物品比較表

台灣 研究者所列抓周物品

林明義	書、筆、墨、雞腿、豬肉、算盤、戥（小秤）、銀、柴、葱、田土、包仔（饅頭）
吳瀛濤	書、印、筆、墨、算盤、錢幣、雞腿、豬肉、尺、斧、葱、芹菜、田土、稻草、秤（任取十二樣）
高賢治 馮作民	書、筆、墨、雞腿、豬肉、算盤、秤、銀、柴、葱、田土、包仔（饅頭）
片岡嚴	筆、墨、書畫、雞肉、雞腿、豬肉、算盤、秤、銀、葱、田土、包布
文聯	書、筆、墨、硯、印、刀劍、銀錢、算盤、秤、尺、蕉、梨、芋、桔等（任取十二樣）

金門 各鄉鎮之抓周物品

金城鎮	秤、書、算盤、筆、雞腿、葱、一個雞蛋、一個鴨蛋、白銀、柴、墊腳包、硯
金寧鄉	葱、銀、書、筆、墨、硯、算盤、秤、油柴（或木炭加紅紙條）、紅蛋、蛋、雞腿
金湖鎮	墨、硯、筆、書、算盤、葱、名（木柴）、白銀、雞腿、紅蛋、紅粿、秤
金沙鎮	筆、墨、硯、書、算盤、葱、雞腿、秤、白銀、紅蛋、豬肉、印
列嶼鄉	秤、墨、筆、書、算盤、雞腿、葱、卵、紅蛋、硯、白銀、柴

表二 金門各地慶生禮俗差異表

區別	金城鎮、金寧鄉	金湖鎮、金沙鎮	烈嶼鄉
三日	√	√	√
六日	√		
十二日	√	√	√
十八日	√		
理髮	男：24日 女：22日	男：22日 女：18日	男：20日 女：20日
滿月	√		
四個月	√	√	√
週歲	√	√	√
十六歲			√
冠禮	□	□	□

備註：表中打√者即表示此一儀式目前仍然保存。打□者即爲已失傳禮俗、空白部分即表示此地沒有此一禮俗。

● 烈嶼糊紙師傅林金樹。

表一 台灣味金門門神戲映品中

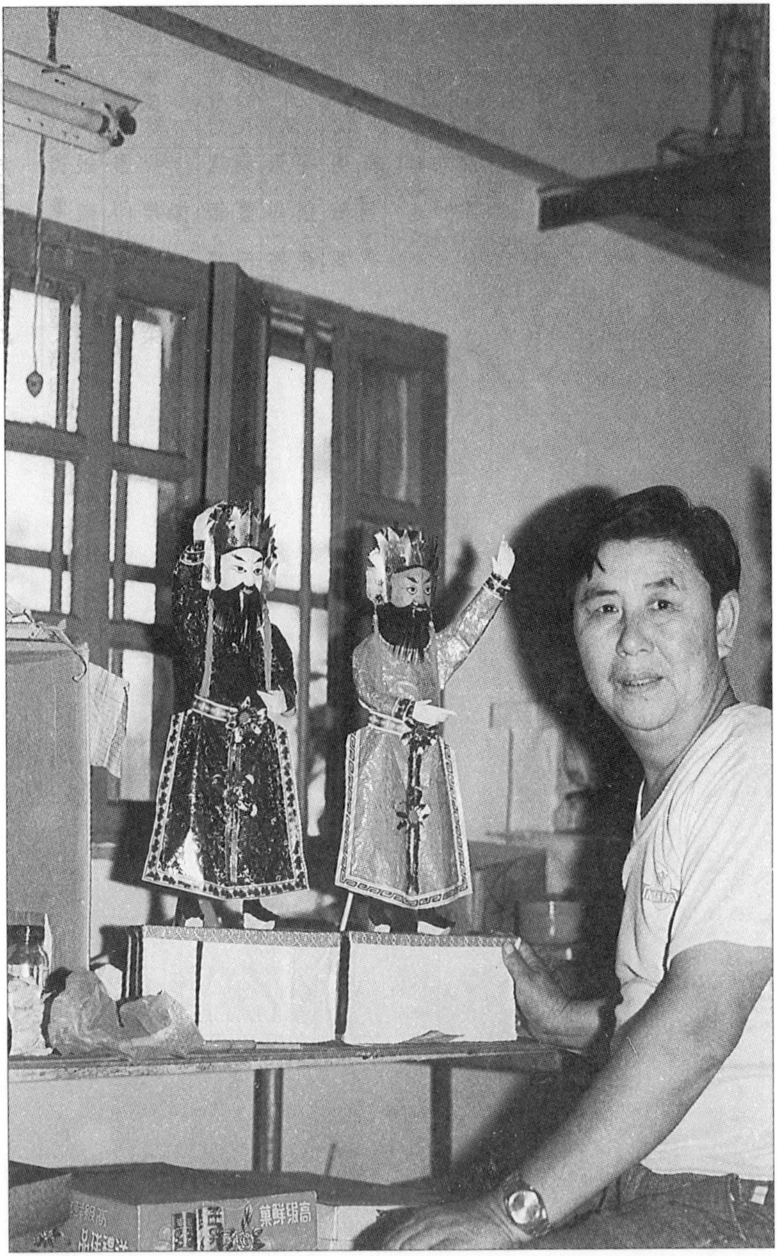

至以猪、羊爲牲禮，但在金城、金寧、金湖、金沙區則很少見。

「抓周」日，除籌備以上物品之外，家境稍好者，且還宴請賓客一番。一般家庭則只做紅龜粿（內包餡爲花生細末加糖），答謝前來慶賀之親友。數量的多少，則沒有一定，大致上，接受一個戒指答三、四十個紅龜粿；衣服一套答十六至十八個；好一點的衣服則答二十個，最差的也答十四個。同時，要餽送村內每戶「一口灶」份之粿品，包括花生粿一個（桃形）、豆沙粿一個（龜形）。

抓周事項準備完成後，將主角抱進大米篩當中，若是男孩則面向大廳而坐，若是女孩則背向客廳而坐。（之所以有如此區別，在於女兒長大將嫁作他人婦也。）然後，讓嬰兒隨意抓取其中的物品，首次抓到的物品，即代表小孩長大後的性向，及其所將從事的職業。例如「葱」與「聰」諧音，代表聰明，「文房四寶」表示愛讀書，雞腿表示將來能吃能喝，身體健康；白銀、算盤、秤則表示有錢財，會做生意……等。總之，一切均取其象徵吉祥、富貴之涵義。

十二、出宮（十六歲成年禮）

出宮禮俗在大金門，不論金城、金寧或金湖、金沙都不曾出現，唯獨小金門烈嶼鄉特而有之。在小金門，男孩滿十六歲，須建醮拜註生娘娘，稱爲「娘娘醮」。由道士主持，並於事前聘請糊紙師傅糊一座象徵天公（玉皇大帝）的「表裏」（註六）、一座象徵「註生娘娘」的「娘娘亭」（註七）及燈座（表四）（含三大燈、六中燈、十二小燈），並須具備猪、羊的牲禮。若是從小就因孩子毛病多，爲人父母曾許下宏願，祈求註生娘娘特別賜福照顧者，則此時還願須準備雙猪、雙羊的牲禮。當然，若經濟能力不許可，則多以猪頭做爲牲禮。此外，尚須備妥一個發粿、十二個壽龜、十二個紅圓、十二個紅錢、十二碗菜碗（素菜、葷菜各半），而後，即可在大廳當中進行「娘娘醮」儀式（參考圖一、二）。

至若因何緣由須從事「娘娘醮」呢？據東林街一位李姓藥店老闆指稱，「娘娘醮」的由來已不可考，然據其推斷，可能是因爲孩子成長到

圖一　小金門：十六歲成年（出宮）禮儀式平面圖

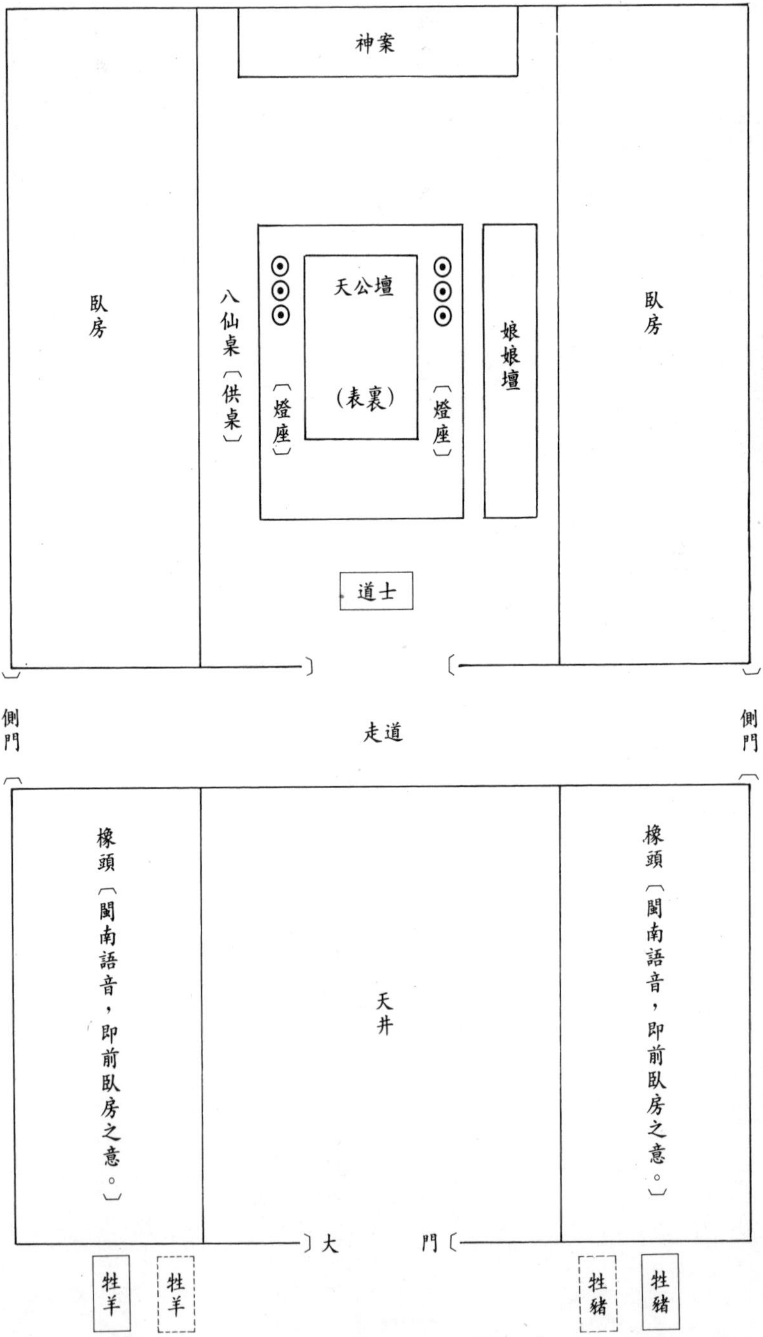

註：①此一儀式在自家客廳內，由道士主持。
②牲禮當中虛線部分表示可有可無，全由主人做決定。

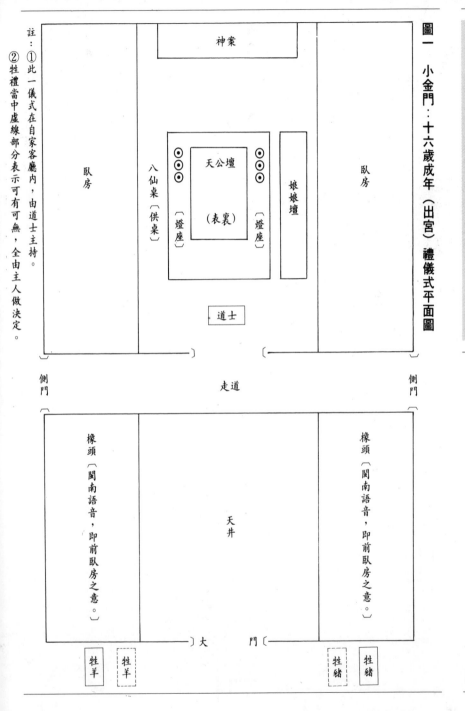

圖二　金門地區七月七日（七夕）拜七娘媽儀式平面圖

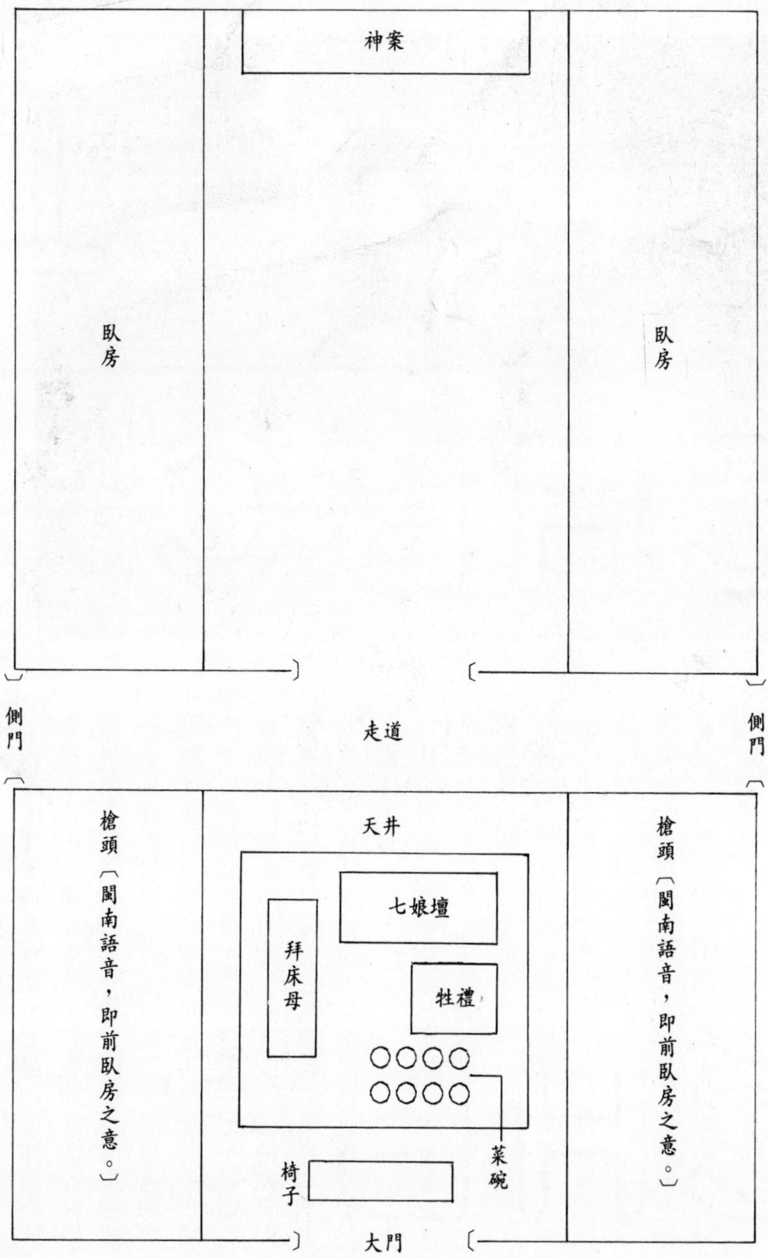

●抓週—嬰兒拿到「秤」。

十六歲，屬成長發育期，父母一方面擔心孩子營養不良，一面憂慮孩子自我約束能力較差，容易誤入歧途，因而特於此時敬拜註生娘娘，祈求其施展無邊法力，幫助孩子早日邁向成熟階段，並引導孩子步向正途，這是其中一種說法。另一種說法是，嬰兒自誕生起，蒙請註生娘娘不捨晝夜的照顧，如今孩子已長大成人，應該藉由建醮來報答註生娘娘的恩惠，李先生的說法，言切而旨遠，似乎可為此獨特禮俗作一最佳詮釋。

為了對此一儀典能深一層瞭解，筆者特地前往小金門，針對此事就教於糊紙師傅，家住烈嶼鄉雙口村的林金樹先生。待說明來意後，林師傅不但熱忱解說，並特地搬出其甫完成的作品——大小「娘娘亭」各一座，供筆者拍照，據林師傅表示，「娘娘亭」中央是註生娘娘，兩側則為十二位「婆姐」。事實眞正的婆姐並不止此數，而且各有其不同姓名，但均職司幼兒照顧、庇護。

在台灣，農曆三月二十日是註生娘娘之誕辰，而小金門則為農曆四月二十日。這種差異，據林師傅稱，可能是當初註生娘娘在小金門顯靈時間爲四月二十日，當地父老乃以此日予以隆重慶賀，才會有此差異。

註生娘娘就是「順天聖母」，本名叫陳靖姑，是一位營救婦女難產的女神，因此婦女信徒特別多，參拜者也幾全是婦女。

據傳陳靖姑是觀世音菩薩的一滴血轉胎出生，因此自幼夙具慧性，天資過人，曾拜許其人爲師，習劍術及道家驅邪除妖之法，功力深厚。當時，地方時有妖魔作怪，均爲其降伏。結婚後懷孕不久，鄉里忽有一白蛇精化作美女作弄男人。鄉民求其相救，靖姑乃以法力將胎兒置於家中，出門除害。不意白蛇精與另一妖魔張坑串通，由白蛇精引開陳靖姑，而使張坑潛入房中吃掉她的胎兒。陳靖姑痛恨之餘。將妖魔一一除去，並立誓爲胎兒克盡保護之責，享年二十四歲，歿而爲神，受鄉民祀拜。元朝延祐年間，追封爲淑靖夫人，清朝雍正七年（一七二九年），又宣封爲「天仙聖母」。到清代咸豐之時，應閩人林天齡的奏請，又加封爲「順天聖母」。金門的寺廟一般皆安置註生娘娘作爲配祀，而無奉祀爲主神之寺廟。

●象徵註生娘娘的「娘娘亭」。

不獨有偶，在台南市也有「做十六歲的成人禮」儀式，每年農曆七月七日在「開隆宮」舉行。儀式開始時，首先向「七娘媽」敬拜，之後，行成年禮的青年，不論男女，依序彎身從各個父母親抬起之「七娘媽亭」下穿過，也要鑽過供奉「七娘媽」的神桌。禮成即視爲成年人，此時，父母親再將「七娘媽亭」放入火中焚燒。

「七娘媽亭」一如其他紙糊作品，是以竹片、彩紙糊成，製作十分精緻。在金門地區，七娘媽亭有一層、二層、三層等各種不同造型，均色澤鮮豔、型式華美。（表三）

●七娘媽亭（汪青雲製作）。

有關此項「成年禮」之緣起，或不可得，或不可知，但據聞小孩在未滿十六歲前，概由天上的「仙鳥」，一作「鳥母」看顧，而「仙鳥」乃受「七娘媽」所託，奉命行事，因此小孩既滿十六歲，理應向其多年來的保護神──「七娘媽」，致上萬分的謝意。

十三、七夕──拜「七娘媽」

農曆七月初七，俗稱「七娘媽生」，在金門地區是日下午照例得祀拜「七娘媽」一番。屆時家家戶戶都要準備豐盛的禮品，在自家「天井」當中膜拜。供桌上須擺七雙筷子，前面放一盆洗臉水，中間置「七娘媽亭」及胭脂花粉，另外在旁邊再加擺一雙筷子，一碗添加草油的痲油飯拜「牀母」。

儀式開始前，要先準備七朵七娘媽花，及一些「掯絭」。(掯絭一般都以外圓內方的銅錢，穿上紅絲線，待拜妥七娘媽後，就掛在孩兒脖子上面的，每人一份，平時則寄放在觀音、佛祖神龕內）點上香，燒過紙錢以後，即必須將「七娘媽亭」焚化。因「七娘媽亭」內有七位紙糊的「七娘媽」，焚化之前，依照往例要先用剪刀剪下幾位「七娘媽」，供小孩把玩。筆者童年最快樂的往事之一，就是等待這一刻的到臨。最後，再將「七娘媽」專用之胭脂花粉拋向空中，整個儀式乃告完結。

「七娘媽」是兒童之保護神，沒生子女的，她能授予子女；有子女的，她能爲其治病。是此凡有未滿十六歲子女之家庭，每年「七娘媽生」當天，無不好生祭祀一番。有些更對之許下宏願：「子女如能順利長大，一旦年滿十六歲，定以三牲（猪肉一塊、雞一隻、魚一尾）供拜。」等到子女滿十六歲成年時，眞要在七月七這天還願，除擺上「三牲」供品，並要加以「脫絭」，從此脫離「七娘媽」的保護範圍。「脫絭」習俗大小金門皆同。

至於「七娘媽」究爲何許人，糊紙師傅也沒有十成把握。據民間傳說，「七娘媽」就是「織女」。織女乃天帝孫女，天性聰慧，容貌秀麗，善於織布，居住在天河之東。天河之北則住著牽牛郎，爲一勤於耕田的好青年。豈知兩人成婚後，竟疏於職守，織女不再織布，牛郎不再耕田，又私向天庭借錢十萬，此事爲天帝獲悉，甚爲憤怒，遂將兩人逐至天河南、北居住，只能在每年七夕這晚相會一次。

十四、冠禮

所謂「冠禮」，亦即男子的加冠之禮，也稱「元服」。因古人在出生後三個月才剃胎髮，僅於頭頂留上一小撮毛作成一個童髻，男孩有左右二髻，特稱爲「角多」，女孩左右前各一髻，特稱爲「三髻覊」，等到滿十六歲成年時（古人以滿

表三　慶生儀典之各種紙糊神祇結構、材料一覽表

天公壇（表裏）	區別	天公壇（大）：寺廟專用	表裏（小）：一般爲家用
	高度	一六〇—二二〇公分	八〇公分
	形狀	六角、三層	扁平、單層
	材料	竹條、布絲、紙、漿糊	同上
	使用對象	寺廟、宗祠奠安、作醮	一般住家奠安、作醮及小金門成年禮
	象徵	天公（玉皇大帝）	同上
	兩側神祇	南斗、北斗	同上
娘娘壇	區別	大：住宅較大且儀式較隆重	小：一般性質之娘娘醮
	高度	一五〇公分	七〇公分
	形狀	兩層宮殿式豪華建築	單層普通形
	材料	竹條、布絲、紙、漿糊	同上
	使用對象	娘娘醮	同上
	象徵	註生娘娘—陳靖姑	同上
	兩側神祇	左右兩側各有六尊「婆姐」 其中六位爲「好婆姐」 另外六位爲「惡婆姐」 中央爲註生娘娘	同上

燈座	類別	大	中	小
	數量	三	六	十二
	材料	竹條、布絲、紙、漿糊		
	用途	拜天公（玉皇大帝）用		
	長度	卅公分	廿二公分	十五公分
七娘媽壇	類別	三層	二層	一層
	高度	九五公分	七〇公分	四五公分
	壇內七娘媽位置	下層 三、五 中層 三、一 上層 一、一	第一層 六 第二層 一	前排 三 後排 四
	材料	竹條、布絲、紙、漿糊		
	象徵	授子之神—織女星		
	壇內七娘媽高度	十五公分	十三公分	十三公分
床母	神祇由來	無法詳加考證		
	特徵	民間傳說神祇，並無具體形象		

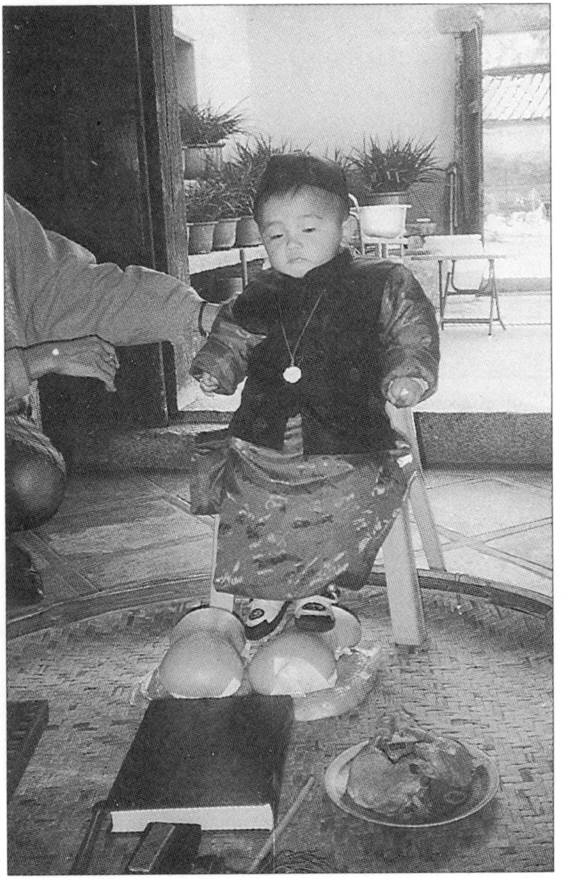

●週歲的嬰兒。

十六歲爲成年，與現在滿二十歲爲成年不同），就不再梳童髻，而在頭上束髮，然後用笄綑起來，上面再戴一頂帽子，此即爲加冠，其儀式稱爲「冠禮」或「加冠禮」。

金門地區對於「冠禮」之施行，最早見載於《滄海紀遺》：「浯洲在海中，與市井隔絕，故其風氣自殊，而俗尚上之所推移，亦因時有變。冠禮之行，舊有無也，行之則自黃逸所始。」一般都在婚禮前夕行之。婚前，先擇一個吉日良辰，請福命婦人爲行冠禮孩子裁製新衣，俗稱「製上頭衫褲」。婚禮前一日，家中須準備豬、羊、果品……等擺置案上，而後點燭燃香，敬拜天神。接著，行冠禮孩子於沐浴後，穿上新製上頭服、長袍馬褂，並穿新鞋，至案前拜天，由父母或長輩爲之戴新帽，即稱「加冠」；爲之醮酒祝福（拭其新帽，說吉祥話），即稱「上頭」。此外，仍須延請道士宣經，請傀儡戲團搬演加禮戲（傀儡戲）酬謝天神，至此儀式才算完成。

現今有關「冠禮」之行已然久廢，僅在婚前儀式中略存其意義而已。不過，大金門各宗族，男子滿十六歲後，始准進入宗祠參與祭典，稱爲「成丁」，並有作「丁頭」的義務。小金門（烈嶼鄉）居民，在男子屆滿十六歲後，即宰殺豬羊，準備牲禮敬拜天神，同時，延請道士唸經作法，酬演加禮戲（傀儡戲）謝天，富有人家則大設酒筵宴客。如此行徑均爲古代「冠禮」的遺風，則毋庸置疑。

十五、結語

近兩三年來，筆者夫婦二人，於教書之餘，晨昏不輟，結伴出現在民間古老屋簷下，踩著紅磚、石塊鋪成之狹窄巷道，撫摸那在歷史洪流中被歲月腐蝕的一磚一瓦、一石一木，每每爲那濃郁之古老氣息醺醉得不知身在何處。望著每一位被訪問的慈祥老者，在她（他）們老牙掉盡之乾癟臉龐上，泛起因追憶歷歷往事而浮現出之絲絲歡愉，筆者心中真有無比的親切與嚮往。

慶生禮儀，在昔日民間本是一件稀鬆平常之事，每一位婦女均耳熟能詳。尤其在重視生男、菲薄生女的農業社會，假使翁姑在堂，身爲長媳又能適時添加「長孫」，則她在這個新家族之中，身價立即出現「漲停板」局面。反之，若不幸連胎「弄瓦」，甚至不能生育，則「跌停板」之餘，不是得忍痛容許丈夫納小，就是面臨被休棄的命運。「不孝有三，無後爲大」，婦女除開相夫教子，還須擔負起延續家族香火之神聖任務，可謂「任重而道遠」，絲毫差錯不得，畢竟此爲婦女一生幸福之關鍵所在。俗語云：「百年榮辱由他人」，該是昔時社會中婦女最悲哀的一面。

晚近以來，由於社會、經濟變化幅度太大，昔日許多古老民俗文物已漸趨沒落，有些甚至

●「母以子貴」是傳統婦女的命運。(劉還月先生提供)

已蕩然無存，因而可資探詢的實物資料相當匱乏。所幸村里當中仍不乏經驗豐富之老嫗，儘管無情歲月褪去她們的青春年華，舉步維艱中仍能如數家珍般訴說生兒育女的種種禁忌、傳說。

這些禮俗，若以現代科學的眼光看來，簡直太不科學，甚至不值大家一笑。然在昔日教育不普及、民智未開化、醫藥未健全的景況下，各項今日觀之近乎幼稚的舉措，卻是先民們從毫無所知、盲目摸索，進而口耳相傳、逐代累積下來的寶貴經驗，如任令其湮滅失傳，則在文化薪傳工作上將是一大損失。而如此的生活智慧委實有必要予以紀錄保存。尤其處於科技日新月異的工商業時代，一般人忙於自己的工作，根本無暇去探尋傳統習俗的奧妙，久而久之，則這項民俗文化將會隨歲月的推移，而逐漸為人們所遺忘。

寫作過程中，一位旅居台灣之「姑婆」——黃翠霞女士回返金門，這一位長輩，可說是一手看著我們兄弟姊妹長大。筆者自幼即生長在貧瘠的農村，家中兄弟姊妹之間有任何問題，都會就教於這位「姑婆」。為人熱心的她雖不識字，卻博聞強記，任何疑難問題，在她手中皆可迎刃而解。她的出現，對我們而言是難能可貴的機會，筆者夫婦二人成天纏著她老人家直問不停，而她也盡可能傾囊相授。

然風俗習慣本身，常受時間、空間……等因素之變化而衍生差異，所謂「千里不同風，百里不同俗」，意即在此。金門地區雖為一海島，島上各地風俗卻仍有其不同色彩，筆者由於「姑婆」之指點迷津，其他各鄉鎮訪問起來，就更能駕輕就熟。

寫作本文時，在禮俗用語上盡可能保存原有閩南語之風貌，有時為了一個字，斟酌數日仍不得其解。唐朝詩人賈島曾言：「兩句三年得，一吟雙淚流。」於今筆者終能體會出當年大詩人在斟字酌句上痛苦之一斑。

——本卷原載《金門日報》一九九一年二月十日至三月五日。

註釋

註　一：老虎本是最兇猛之獸，因而生肖屬虎之人也成為節慶場合忌諱對象。另一方面，虎為百獸之王，民間取其勇猛，代表生命力旺盛，作為鴻圖大展之預兆，且有消災避邪效用，所以虎是既吉且凶的象徵。

註二：嬰兒在周歲之前只能著襪，不能穿鞋，一直要到周歲才可以正式穿鞋子，這可能和嬰兒的發育有關，俾免妨礙其脚部發育。

註三：引錄自《國文天地》頁九十六，文聯著〈周歲抓周卜未來〉。

註四：金城、金寧區的紅龜粿，一般以兩對居多，一對內家自行準備，另一對則由外家提對。若以材料分，又可區分為糯米做和麵粉做二種。

註五：金湖、金沙區的紅龜粿，一般皆以糯米做之，內家出一對，外家出一對。有些人家因忌諱「四」字，而又自行加上一對較小的。

註六：象徵天公的紙糊作品，大型叫「天公亭」，一般用於寺廟及及祠堂；小型叫「表裏」，用於一般住家。

註七：「娘娘亭」亦有大小之分，取捨標準全依醮的規模而定。大型醮用大的，反之則用小的。

附錄

參考資料

一、書籍

1. 金門文獻委員會《金門縣志》(上、下册),金門縣政府。
2. 台灣省文獻委員會《台灣省通誌》卷二〈人民志〉,台灣省文獻委員會。
3. 林衡道《台灣夜譚》,衆文圖書公司。
4. 林明義《台灣冠婚葬祭家禮全書》,武陵出版社。
5. 片岡巖《台灣風俗誌》,大立出版社。
6. 劉文三《台灣宗教藝術》,雄獅圖書公司。
7. 姜義鎮《台灣的民間信仰》,武陵出版社。
8. 高賢治、馮作民《台灣舊慣習俗信仰》,衆文圖書公司。
9. 吳瀛濤《台灣民俗》,衆文圖書公司。
10. 林明峪《台灣草地故事》,錦冠出版社。
11. 席德進《台灣民間藝術》,雄獅圖書公司。
12. 劉其偉《台灣土著文化藝術》,雄獅圖書公司。
13. 劉文三《台灣早期民藝》,雄獅圖書公司。
14. 王世禎《中國神話》,星光出版社。
15. 馮作民《中國史談》,星光出版社。
16. 王世禎《中國民情風俗》,星光出版社。
17. 清家清《住宅與風水》,武陵出版社。

18. 宋韶光《為你解風水》，時報文化出版社。
19. 馮作民《白話史記》，星光出版社。
20. 光華雜誌編輯部《民俗采風》，光華雜誌社。
21. 光華雜誌編輯部《城鄉小調》，光華雜誌社。
22. 孫振聲《白話易經》，星光出版社。
23. 程羲《易‧人生的智慧》，星光出版社。
24. 余培林《老子讀本》，三民書局。
25. 黃錦鈴《莊子讀本》，三民書局。
26. 余健夫《四柱推命奧義詮釋》，大衆書局。
27. 劉枝萬《台灣民間信仰論集》，聯經出版事業公司。
28. 金門縣政府編《金門史蹟源流》，金門縣政府。
29. 楊仁江《金門縣的古蹟旅遊手册》，金門縣政府。
30. 《幼學故事瓊林讀本》，世一書局。
31. 金門戰地政務委員會編輯《金門民俗文化村簡介》，金門戰地政務委員會。
32. 金門縣政府編《我的家鄉我的愛》，金門縣政府。
33. 金門縣政府編《攜手同心，邁向新起點——金門八十年度縣政建設成績單》，金門縣政府。
34. 金門縣政府編《金門新貌》，金門縣政府。
35. 林川夫《民俗台灣》（一——四輯），武陵出版社。
36. 吳金贊《福建現況研究》，福建省政府。
37. 吳瀛濤《台灣諺語》，台灣英文出版社。
38. 向陽《台灣民俗圖繪》，洛城出版社。
39. 宋龍飛《民俗藝術探源》（下册），藝術家叢刊。
40. 文蔚《細說中國拜拜》，聯亞出版社。
41. 金門珠浦許氏族譜。

二、報刊

1. 《中央日報》副刊（七十七年五月廿八日）
2. 《中國時報》副刊（七十八年四月廿四日）
3. 《金門日報》副刊（七十八年九月五日）
4. 《金中青年》第十期（國立金門高中校刊）
5. 《金門陳氏大宗祠潁川堂建祠八十週年奠安紀念特刊》
6. 《國中週報》（七十七年一月十至十六日）
7. 《金門縣湖峯楊氏宗祠奠安慶典大事記》

8.《台灣畫刊》（七十七年元月）
9.《高雄畫刊》（七十七年二月）
10.《光華》雜誌（七十八年元月）
11.《國文天地》六四期，頁九六。六五期，頁一〇四～一一二。六六期，頁九六。
14.《金門》二十九期，七十四頁。

三、口述資料

1. 許松塔（金門農工職校出納組長）
2. 陳含笑（金城鎮）
3. 李智仁（金寧國中教師）
4. 李金鐘（金沙鎮）
5. 汪青雲（金城鎮糊紙師傅）
6. 林金樹（烈嶼鄉糊紙師傅）
7. 洪彬文（烈嶼鄉糊紙師傅）
8. 黃奕展（金湖國中教師）

●臺原叢書語言詩文系列●

百年之後有遺聲

多民族文化並存的台灣，語言呈現著豐富多樣的海洋性格，若能相互尊重、共榮發展，必能激盪出多采多姿的繁盛面貌。

搶救母語，保存文化，已經不是口號，將福佬語漢字化，普及社會大衆，是刻不容緩的工作，保存瀕臨滅絕的原住民母語更是不假稍怠。《台灣語言的思想基礎》提供了解福佬話的文法、思想及成因，徹底展現語言之所以成立久遠的深層結構；《實用台語詞彙》及《台灣的客家話》均運用羅馬拼音漢字做爲語言文字化的基礎，相輔相成，形成台灣語文的新體系。

《台灣鄒族語典》是第一本完整記載台灣原住民語音學的專書，浩瀚廣博的內容，足堪鄒族人民的傳家寶典及和他族互動溝通的重要媒介。

《台灣風情》及《台灣懷舊小語》以詩的情懷和諺語的風雅，雕琢刻劃出子民與土地萬物共存共榮的生活記錄，配合一幅幅古樸雅拙的鄉土插畫，爲語言的內涵留下最貼切的詮釋！

(1)千般風物映好詩——**台灣風情**
／莊永明著・定價205元

(2)古台諺現世説——**台灣懷舊小語**
／杜文靖著／何從插畫・定價185元

(3)**台灣的客家話**
／羅肇錦著・定價340元

(4)**台灣語言的思想基礎**
／鄭穗影著・定價350元

(5)**實用台語詞彙**
／王華南著・定價280元

(6)**台灣鄒族語典**
／聶甫斯基著／白嗣宏／李福清／浦忠成譯・定價300元

何從／繪圖

●臺原好書導讀●

深入台灣的
智慧寶山探險

如果你已擁有臺原出版的台灣本土好書，要如何運用這些資料，重新整理台灣文史的知識系統呢？
如果你尚未擁有臺原出版社的任何書籍，要如何開始踏出你認識台灣的第一步呢？

臺原，是致力於專業台灣風土叢刊的出版社，自一九八九年成立至今，已出版《協和台灣叢刊》及《台灣智慧叢刊》兩個系列叢書多種，每本書都採最精美的設計與印刷，用最通俗的筆法，將豐富的台灣本土文化有系統的呈現在您的眼前，內容包括台灣歷史、原住民風土、客家風物、地方誌、戲曲、語言、生命禮俗、宗教信仰等，其中《台灣智慧叢刊》更是針對較低年齡層，有心初識台灣的朋友專門規畫、設計的一套，沒有長篇大論，卻絕對輕鬆好讀的入門書。

是否，您曾想過進入台灣人的心靈世界？期待和土地上辛勤開墾的腳跡齊步並進呢？如果知識及文字能夠協助您，臺原邀請您一同探看台灣的智慧寶山，並預祝您順利跨出認識台灣的第一步，讓我們共同爲台灣的明天奮鬥！

何從／繪圖

國立中央圖書館出版品預行編目資料

金門的民間慶典／林麗寬、楊天厚著. ——第一版.
——台北市：臺原出版：吳氏總經銷, 民82
面； 公分. --(協和台灣叢刊：38)
參考書目：面
ISBN 957-9261-40-7 (平裝)

1.風俗習慣—福建省金門縣

538.8231 82003771

●協和台灣叢刊38●

金門的民間慶典

著者／林麗寬、楊天厚
責任編輯／蔡培慧
校　對／郭瓊雲、林麗寬、李志芬
發 行 人／林經甫（勃仲）
總 編 輯／劉還月
執行主編／詹慧玲
編　輯／李志芬、蔡培慧
美術編輯／呂光明
出版發行／臺原藝術文化基金會・臺原出版社
地　址／台北市松江路85巷5號（協和醫院地下室）
電　話／（02）5072222
郵政劃撥／1264701～8
出版登記／局版台業字第四三五六號
法律顧問／許森貴律師
地　址／台北市長安西路246號4樓
印　刷／松霖彩色印刷公司
電　話／（02）2405000
總 經 銷／吳氏圖書公司
地　址／台北市和平西路一段150號3樓之1
電　話／（02）3034150
定　價／新台幣一九〇元
第一版第一刷／一九九三年（民八二）六月

ISBN:957-9261-40-7